古文常識

大学入試
スキマ時間の暗記で差がつく

著者
河合塾講師
隼坂しのぶ

漫画
F本

KADOKAWA

はじめに

受験生の頃、古文の勉強が嫌いだった。映画を観るなら洋画だし、音楽を聴くなら洋楽、本は洋書か近代文学ばかり読んでいた。古文を避ける理由はたくさんあった。古典に登場する貴族たちの金銭感覚や優越感が鼻持ちならないし、女はいつも負け組の人生を歩まされるし、言葉も遠回しな表現が多くてイラッとする。そんなわたしが、古典に興味を持ったのは、古文常識を知り、古典作品のリアルを感じたからだった。

「古文常識」と言われても、ピンとこないかもしれないが、古文常識とは、当時の社会状況の全体を表す大雑把なコトバ。具体的には、社会制度や生活習慣、住居、衣装などの知識から古文に描かれた場面の実態を頭の中でリアルな映像にできる認識のこと。入試古文を教える現場では、文法や単語の知識で文章が理解できない時の言い訳として、「古文常識が足りない」と言われることがよくある。

古文が嫌いな学生も、「鬼滅の刃」「千と千尋の神隠し」など、古い時代を題材にしたマンガやアニメは好きだという人が多い。それは、未知な時代の物語でも、マンガや動画など目で見る世界を通して描かれると、文字で読む時よりも古い時代の世界が現実味を帯びて、面白さが倍増するからだろう。古文常識には、古典文学の世界を、マンガやアニメのような映像にする力があるのだ。

河合塾では「ビジュアル」で「古文常識」を教えるという不思議な授業があって、受験生に大変好評をいただいている。京都御所など古文の代表的な場所などを撮影した映像やCGで復元した映像を用いながら、古文常識を講義するものなのだが、授業中、解説とともに映像が流れるたびに、学生たちの歓声が上がるのだ。「古文って面白い」と言った学生の顔は、見ていて微笑《ほほえ》ましくなる。このような「ビジュアル」で見る「古文常識」の面白さを本で実現したいと考え、本書『大学入試 スキマ時間の暗記で差がつく 古文常識』が生まれたのだ。君たちがよく知る古典の人物が、どんな家に住み、どんな生活をしていたのかなど、現代とは異なる時代の基本情報をスキマ時間の読書で穴埋めできる一冊に仕上げたので、気の向くままに読み進めてほしい。

本書は、古文常識を扱う第1部、入試頻出作品を扱った第2部、文学史の資料編で構成されている。どの項目の解説も短くまとめたので、気になる項目を気の向くままの順番で読んでかまわない。ただし、第2部の頻出出典について、「マンガを読んで終わり」は厳禁。次のページにある古文の原文と解説をマンガとともに読むことが入試古文の力につながるので注意しよう。

古典の勉強は直接お金になるものではないが、お金はなくても人生を面白くする知恵を教えてくれる。個人の自由が制限された過酷な時代に、文学の中に人生の楽しさを見つけた古代人は、現代人よりも生きることに貪欲だったのかもしれない。本書を読んでくれた君たちと「無駄がない人生ほどつまらないものはない」と共感できればと思う。

2024年6月　　隼坂しのぶ

大学入試 スキマ時間の暗記で差がつく 古文常識 目次

はじめに……2

本書の特長と使い方……6

第1部 古文常識 重要テーマ22……9

テーマ1 天皇と天皇家……10

テーマ2 貴族と宮廷役人の官位……14

テーマ3 後宮の人々〈天皇の妻や女官〉……18

テーマ4 住居(1) 平安京の構造〈内裏・大内裏・都の街並み〉……22

テーマ5 住居(2) 大内裏・内裏〈紫宸殿・後宮・清涼殿〉……26

テーマ6 住居(3) 清涼殿の部屋の名称と特徴……30

テーマ7 住居(4) 貴族の住居〈寝殿造り〉……34

テーマ8 住居(5) 貴族の住居の正殿〈寝殿〉……38

テーマ9 衣装(1)〈男性〉……42

テーマ10 衣装(2)〈女性〉……46

テーマ11 男性貴族の人生モデル……50

テーマ12 女性貴族の人生モデル……54

テーマ13〈入試頻出〉藤原摂関時代の代表人物①……58

テーマ14〈入試頻出〉藤原摂関時代の代表人物②……60

テーマ15 出逢い・恋愛・結婚……62

テーマ16 月齢と月の異名……66

テーマ17 方位と時刻……70
テーマ18 年中行事……74
テーマ19 よく出る京都周辺の名所……78
テーマ20 和歌と修辞法……82
テーマ21 古代の宗教(1) 仏教……86
テーマ22 古代の宗教(2) 神道・陰陽道……90

第2部 10大頻出出典……95
1 大和物語……96
2 平中物語……104
3 大鏡……112
4 枕草子……120
5 紫式部日記……128
6 源氏物語……136
7 宇治拾遺物語……144
8 讃岐典侍日記……152
9 伊勢物語……160
10 平家物語……168

資料編 ジャンル別 重要文学作品一覧……177
索引……188

本書の特長と使い方

この本は、「第1部　古文常識重要テーマ22」と「第2部　10大頻出出典」「資料編　ジャンル別重要文学作品一覧」で構成されています。第1部では、**重要テーマの解説と目で見る絵や図の資料で概要を学ぶ**のと同時に、**用語リストで基本知識の定着を確認**できます。第2部では、入試でよく出る10大出典の場面をマンガにしました。大切なのは、マンガを読むと同時に、次ページにある古文の本文と解説まで読んで理解を深め、**古文読解のスタートラインを高めることです**。資料編は、文学史の参考資料です。スキマ時間に眺めて知識を増やしましょう。

第1部

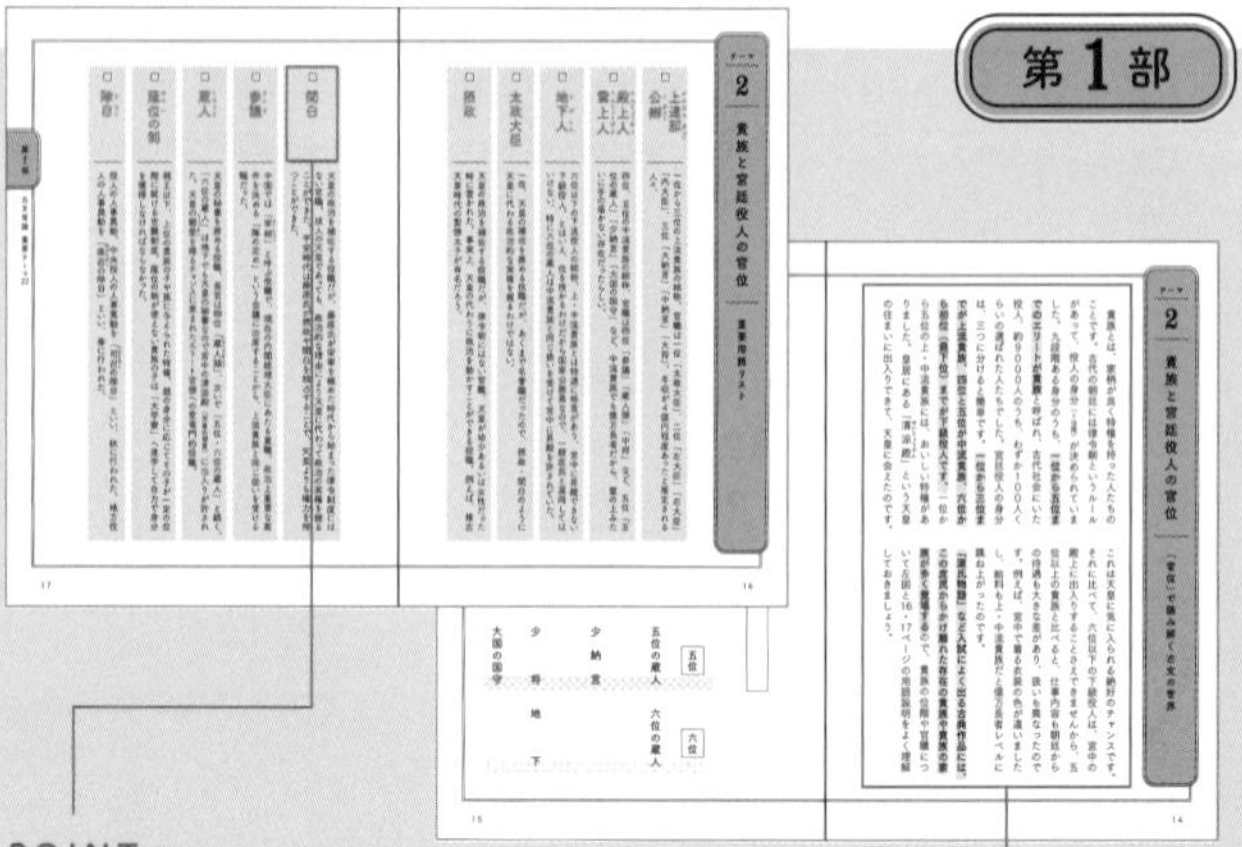

POINT

各テーマ、文章によく登場する用語をリストにしました。赤シートで隠して一問一答形式で定着をはかりましょう。同じ用語が複数のテーマで登場することもあります。

POINT

古典作品の世界では当然の前提知識は、文章の中で細かく説明されることがありません。そのような常識（当時の考え方）について解説します。目で見る絵や図の資料と併せて世界をイメージしましょう。

第2部

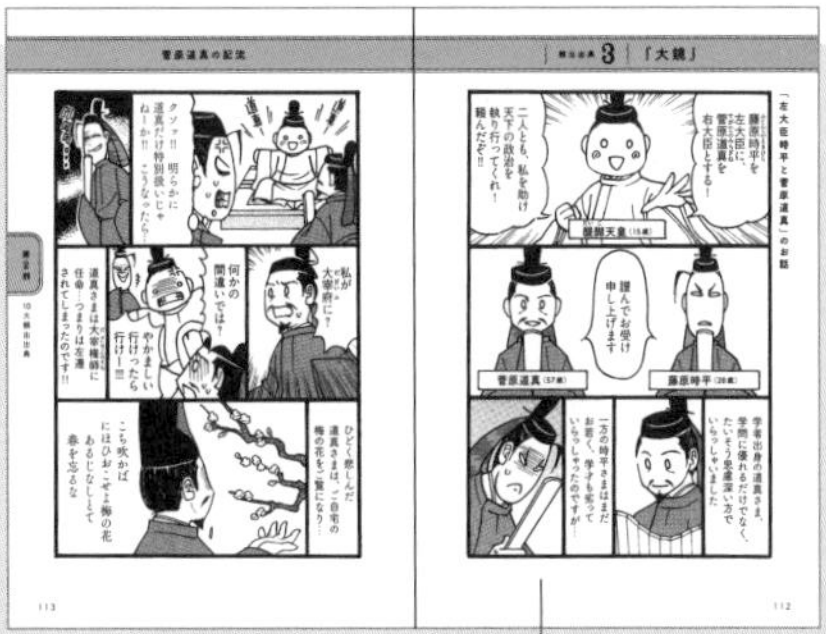

POINT

マンガを読むと同時に、出典全体の解説・古文の本文＆現代語訳と重要語句リストを読んで理解を深めましょう。

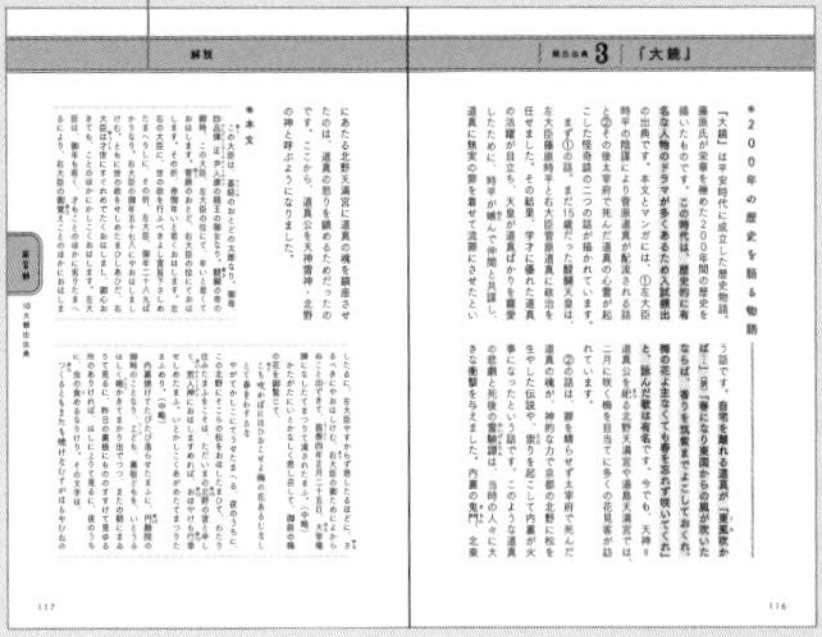

POINT

文字だけだと想像しづらいことも、マンガでわかりやすくなります。重要登場人物の特徴を知ると、読解の助けになります。

資料編

POINT

入試に必要な文学作品の知識をコンパクトにまとめました。スキマ時間でパパッと学習できます。

第1部

古文常識

重要テーマ22

古文の世界のことを、知っていればいるほど文章は読みやすくなります。
視覚的にイメージできるように、絵や図の資料を併せて掲載しました。

テーマ

1 天皇と天皇家

皇位継承が鍵を握り、ドロ沼悲劇もよく起こる

日本の始まりについて、どれくらい知っていますか？ **日本の誕生日には諸説ありますが、一般的に、神話「日本書紀」や「古事記」に基づいて考えられています。**神話には、太陽の女神（＝天照大神《あまてらすおおみかみ》）の孫の神様が、天から降りて日本を治めたと書かれてあり、その神様のひ孫にあたる初代、神武《じんむ》天皇が即位した日を建国の日と定めたのです。戦前の日本で、天皇を現人神《あらひとがみ》と呼んでいたのも、この神話からの発想なのです。

ましてて、**科学などない古代では、神話の影響力がより強く天皇は神様と崇《あが》められ、政治・財政・人事・軍事・芸能などの全権限を持つ超カリスマ的存在でした。**ですから、古典作品を読む時には、天皇と貴族や臣下との間には、神と人間ほどのレベルの格差があると考えておきましょう。戦後に人間宣言をした天皇のように、国民に笑顔で手を振る姿などは想像できない時代だったのです。

天皇の家族構成も現代と異なり、古代の天皇は多くの妻を持ち、それぞれの妻に称号が与えられ序列がありました。また、皇子《みこ》（天皇の子ども）も多くいたため、皇位継承をめぐる政治闘争が繰り広げられます。そんなドロ沼劇が古典では多く登場しますから、天皇や天皇家の人々を表す尊称や立場を正しく理解しておきましょう。

天孫降臨

テーマ

1 天皇と天皇家

重要用語リスト

□ 天皇

日本国の国王。神話にある天照大神《あまてらすおおみかみ》という自然神の血統を継ぐ子孫神。初代天皇は神《じん》武《む》天皇とされる。大化の改新以降、律令制を導入し天皇中心の国家体制が生まれた。「帝」「御門《みかど》」「内《うち》」「公《おおやけ》」「主上《しゅじょう》」などと表現される。

□ 太上《だいじょう》天皇

退位した天皇。上皇。または天皇の父親が即位していない場合に与える称号。

□ 法皇《ほうおう》

退位した天皇（＝上皇）が出家した場合の尊称として用いる。

□ 院

もともとは家屋や大内裏の門を表す言葉。後に「上皇」「法皇」「皇后」「中宮」などを表すようになった。特に、平安時代では「皇后・中宮・皇女」などの女性に対しても「院・女院」と呼ぶことがあるので注意しよう。

□ 皇后・中宮

天皇の正妻。正式に皇室に入られる人。「皇后」「中宮」はほぼ同じ意味だが、時代によって一人の天皇が皇后と中宮の二人を正妻とすることがあった。

□ 春宮《とうぐう》＝東宮《とうぐう》

皇太子。皇太子は、次の天皇になる人物で、天皇在位中に立太子の儀で定められる。天皇の子どもがなることが多いが、古代では時の政治事情によって異なる事態もあった。

□ 皇子《みこ》・皇女《みこ》

「皇子」は天皇の子どもで男子の尊称。「皇女」は天皇の子どもで女子の尊称。

□ 親王

天皇の子どもや兄弟をさす皇族男子の身分。女子は「内親王」という。「皇子」は天皇の子どもだけを表すので、「親王」との違いを正しく理解しておこう。

□ 宮

皇后、中宮、皇子、皇女など皇族の尊称。御殿を表す時もある。

□ （位）のぼる・おりる

「のぼる」は即位すること。「おりる」は退位すること。

テーマ

2 貴族と宮廷役人の官位

貴族とは、家柄が良く特権を持った人たちのことです。古代の朝廷には律令制というルールがあって、役人の身分(=位階)が決められていました。九段階ある身分のうち、**一位から五位までのエリートが貴族**と呼ばれ、古代社会にいた役人、約9000人のうち、わずか100人くらいの選ばれた人たちでした。宮廷役人の身分は、三つに分けると簡単です。**一位から三位までが上流貴族、四位と五位が中流貴族、六位から初位(最下位)までが下級役人です。**一位から五位の上・中流貴族には、おいしい特権がありました。皇居にある「清涼殿《せいりょうでん》」という天皇の住まいに出入りできて、天皇に会えたのです。

これは天皇に気に入られる絶好のチャンスです。それに比べて、六位以下の下級役人は、宮中の殿上に出入りすることさえできませんから、五位以上の貴族と比べると、仕事内容も朝廷からの待遇も大きな差があり、扱いも異なったのです。例えば、宮中で着る衣装の色が違いましたし、給料も上・中流貴族だと億万長者レベルに跳ね上がったのです。

「源氏物語」など入試によく出る古典作品には、この庶民からかけ離れた存在の貴族や貴族の家族が多く登場するので、貴族の位階や官職について左図と16・17ページの用語説明をよく理解しておきましょう。

貴族と宮廷役人の官位

殿上人＝雲上人	上達部＝公卿	一位		太政大臣		
		二位	右大臣	内大臣	左大臣	
		三位	大納言	中納言	大将	
		四位	蔵人頭	参議	中将	
		五位	五位の蔵人	少納言	少将	大国の国守
		六位	六位の蔵人		地下	

テーマ

2 貴族と宮廷役人の官位

重要用語リスト

□ 上達部《かんだちめ》（べ） 公卿《くぎょう》

一位から三位の上流貴族の総称。官職は一位「太政大臣」、二位「左大臣」「右大臣」「内大臣」、三位「大納言」「中納言」「大将」。年収が4億円程度あったと推定される人々。

□ 殿上人《てんじょうびと》 雲上人《うんじょうびと》

四位、五位の中流貴族の総称。官職は四位「参議」「蔵人頭」「中将」など、五位「五位の蔵人」「少納言」「大国の国守」など。中流貴族でも億万長者だから、雲の上みたいに手の届かない存在だったらしい。

□ 地下人《じげにん》

六位以下の下流役人の総称。上・中流貴族とは待遇に格差があり、宮中に昇殿できない下級役人。とはいえ、位を授かるわけだから国家公務員なので、一般庶民と混同してはいけない。特に六位の蔵人は中流貴族と同じ扱いを受けて宮中に昇殿を許されていた。

□ 太政大臣

一位。天皇の補佐を務める役職だが、あくまで名誉職だったので、摂政・関白のように天皇に代わる政治的な実権を握るわけではない。

□ 摂政

天皇の政治を補佐する役職だが、律令制にはない官職。天皇が幼少あるいは女性だった時に置かれた。事実上、天皇の代わりに政治を動かすことができる役職。例えば、推古天皇時代の聖徳太子が有名だろう。

□ **関白**

天皇の政治を補佐する役職だが、藤原氏が栄華を極めた時代から始まった律令制度にはない官職。成人の天皇であっても、政治的な理由により天皇に代わって政治の実権を握ることができた。平安時代は藤原氏が摂政や関白を独占することで、天皇よりも権力を持つことができた。

□ **参議**《さんぎ》

中国では「宰相《さいしょう》」と呼ぶ役職で、現在の内閣総理大臣にあたる重職。政治上重要な案件を決める「陣の定め」という会議に出席することから、上流貴族と同じ扱いを受ける職だった。

□ **蔵人**《くろうど》

天皇の秘書を務める役職。長官は四位「蔵人頭《くろうどのとう》」、次いで「五位・六位の蔵人」と続く。「六位の蔵人」は地下でも天皇の秘書なので宮中の清涼殿（天皇の部屋）に出入りが許された。天皇の寵愛《ちょうあい》を得るチャンスに恵まれたエリート官僚への登竜門的役職。

□ **蔭位**《おんい》**の制**

親王以下、上位の貴族の子や孫に与えられた特権。親の身分に応じてその子が一定の位階に就ける世襲制度。蔭位の制が使えない貴族の子は「大学寮」へ進学して自力で身分を獲得しなければならなかった。

□ **除目**《じもく》

役人の人事異動。中央役人の人事異動を「司召《つかさめし》の除目」といい、秋に行われた。地方役人の人事異動を「県召《あがためし》の除目」といい、春に行われた。

テーマ

3 後宮の人々〈天皇の妻や女官〉

家の命運を背負う女性たち

古代の天皇には多くの妻がいましたが、かといって、天皇が自由奔放に恋愛できたわけではありません。当時は、男女がお互いに顔を見る機会もなく結婚しましたので、**父親の家柄や政治力が結婚の背後に絡んでいる、いわゆる政略結婚が一般的だった**のです。天皇の妻は、きちんとした地位が定められ、住居・使用人の数・待遇などの規定がありました。正式な妻が「皇后」「中宮」。第二夫人が「女御」「更衣」。その他の寝所に仕える女官などです。当然、全員ファーストレディーですが、**当時は天皇の愛情よりも背後にいる父親の政治力のほうが、自分の妻としての立場を守る支えになりました。**

逆に、低い家柄出身の更衣が権力者の父を持つ女御よりも寵愛を受けると、いろいろな事件に巻き込まれたようです。例えば、「源氏物語」の桐壺更衣は、その典型例として描かれています。

また、平安・鎌倉時代などの古典作品に「女房」という言葉がしばしば登場します。「女房」とは、高貴な人に仕える女官を総合的に呼んだ名称ですが、主婦とか、キャリアウーマンという大雑把な解釈で誤解している人が多いです。女房は、所属や待遇などが複雑で、いろいろな地位があります。それらの中から入試で最も必要な名称や職種を知りましょう。

後宮の人々

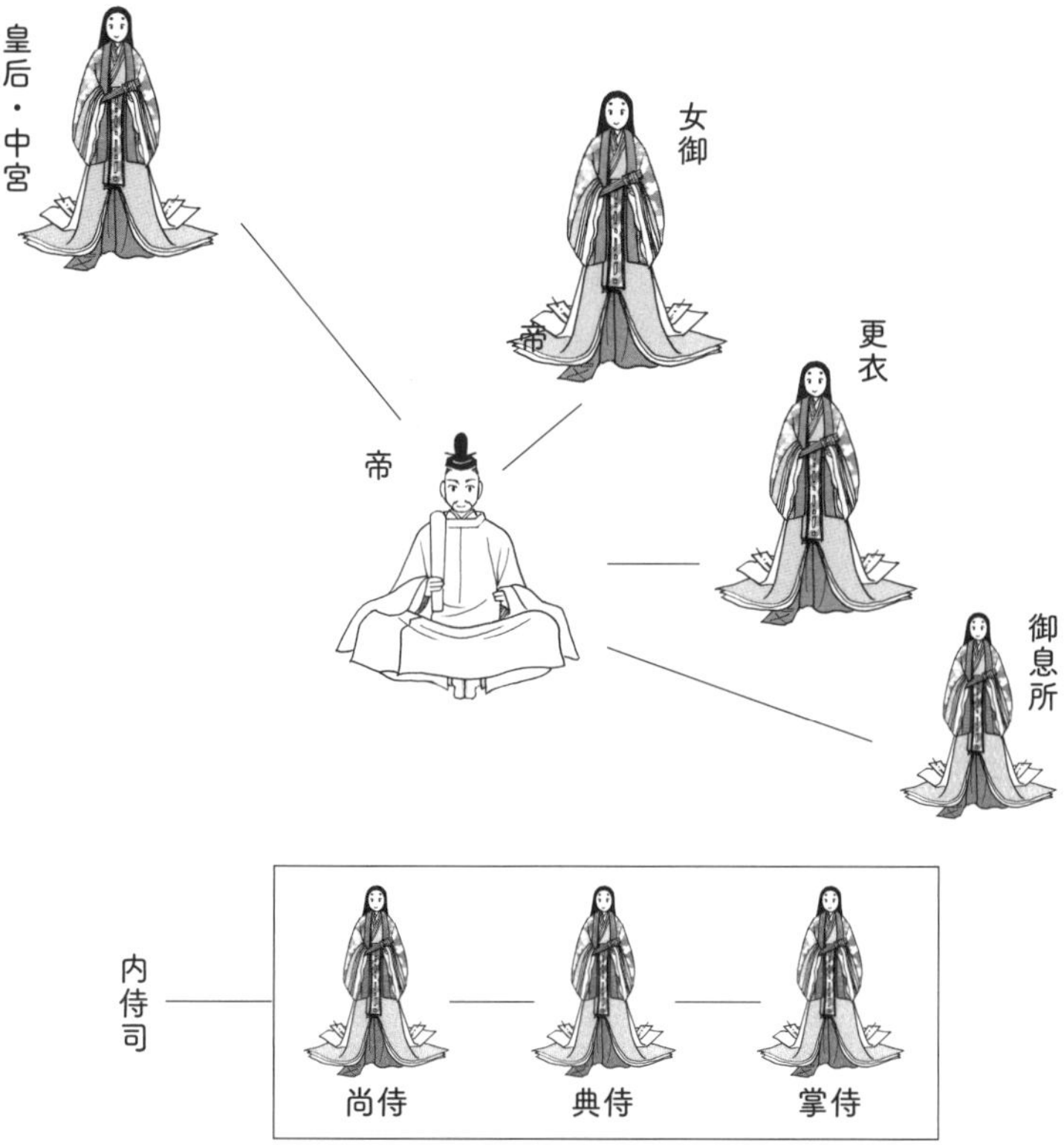
皇后・中宮
女御
更衣
帝
御息所
内侍司
尚侍
典侍
掌侍

テーマ 3

後宮の人々〈天皇の妻や女官〉

重要用語リスト

□ **皇后・中宮**

天皇の正妻。正式に皇室に入られる人。皇后・中宮はほぼ同じ意味だが、平安時代において、天皇の后が2人いた場合には、もともと中宮だった方を「皇后」と称した例がある。一条天皇の后、中宮定子は彰子が入内し中宮となると、皇后に即位した。

□ **女御《にょうご》**

天皇の第二夫人に与える地位の中で上位の人。正式に皇室の一員になることはできない。

□ **更衣《こうい》**

天皇の第二夫人に与える地位の中で下位の人。正式に皇室の一員になることはできない。「女御」と「更衣」は天皇の寵愛の程度で地位が決まったわけではなく、親の身分に応じて上下の地位が決まった。

□ **御息所《みやすんどころ》**

天皇の第二夫人の総称。天皇の寝所に仕える女官の総称。平安時代後期以降は、皇太子妃の名称として使われた。

□ **内侍《ないし》**

内侍司という省庁に所属する女官の総称。朝廷から位が与えられた国家公務員。天皇に仕える特別職で、秘書的な仕事や生活全般を支える役割を担った。天皇の寵愛を受ける可能性がある女官なので、天皇の妻となることもある。

□ 尚侍《ないしのかみ》・典侍《ないしのすけ》・掌侍《ないしのじょう》

内侍司に所属する女官（内侍）の官職。長官「尚侍」、二等官「典侍」、三等官「掌侍」。

□ 女房

宮家や有力貴族に仕える女官。一般的な女房は、主人が私的に雇った女官なので正式な位はない。受領階級（五位の殿上人）クラスの父を持つ娘が多く選ばれた。

□ 命婦《みょうぶ》

後宮（皇居の中の女たちの部屋の総称）で働く女官の呼称。内侍に次ぐ五位以上の女官。

□ 女孺《にょうじゅ》・采女《うねめ》

後宮に置かれた下級女官の呼称。内侍の下にいて秘書や雑事を行う女官。

□ 入内《じゅだい》

天皇に嫁ぐこと。

テーマ

4

住居(1)平安京の構造〈内裏・大内裏・都の街並み〉

現代とのズレに注意

平安時代は、794年に桓武天皇が平安京に都を移したことから始まります。現代でも都と言えば京都を思い浮かべるわけは、平安京が長い年月にわたり都であり続けたからです。平安京は唐の長安をモデルに造られ、南北約5.2㎞、東西約4.5㎞の広大な面積で正門に羅城門を構え、中央には朱雀大路が南北に通っていました。内部の構造は、大きく二つに分けて(1)内裏《だいり》《うち》・大内《だいだい》《おおう》裏《り》《ち》エリア(2)大内裏の外側の都市エリアです。まず、(1)エリアの「内裏」は、天皇の住まい、皇居です。紫宸殿や清涼殿、天皇の妻たちが暮らす後宮などがありました。「大内裏」は、二官八省がある官庁街、宮廷役人が仕事する場所です。ここで注意すべきは、**二つとも「内裏」という言葉が使われますが、内裏以外の大内裏エリアには天皇は住んでいないということです。大内裏の中の内裏に天皇がいるので、訳す時に気をつけましょう。**

一方、(2)大内裏の外側エリアは都の市街地です。碁盤の目のように道路が張りめぐらされた機能的な街。宮家や貴族の大きな邸宅、庶民の長屋などがありました。あの有名な藤原道長の土御門殿も、このエリアにあり、東京ドーム以上の広さがあったそうです。

現代の感覚では、「京の都」といえば、京都御所や比叡山《ひえいざん》、宇治平等院など観光名所の全部

平安京の構造

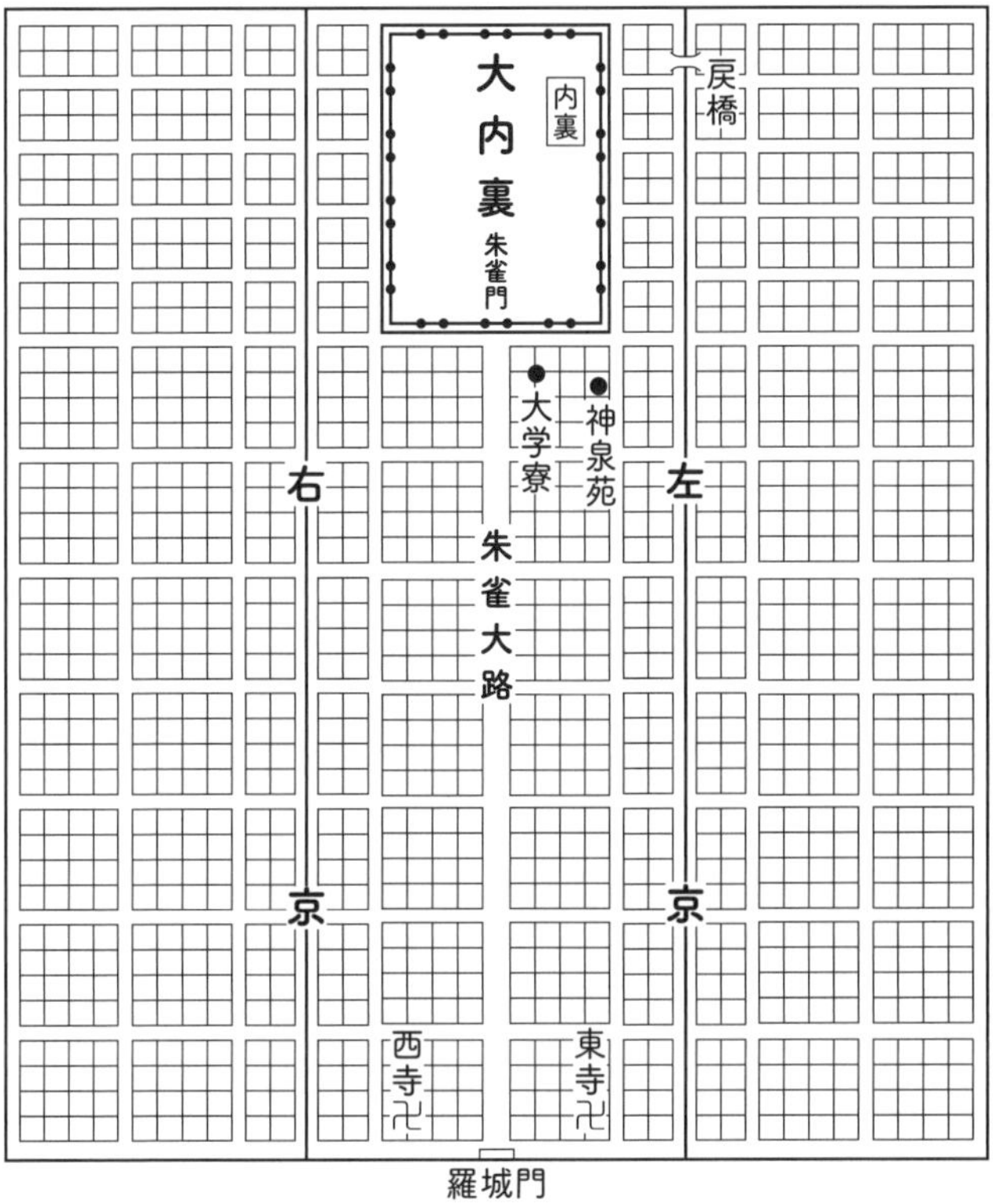

をイメージしますが、古代では、電車もバスもありませんから、比叡山や宇治平等院は、古代人にとって旅先であり、都の郊外だったのです。地理的な感覚のズレに気をつけましょう。

テーマ

4

住居(1)平安京の構造〈内裏・大内裏・都の街並み〉

重要用語リスト

□ **内裏《だいり》《うち》**

大内裏の中にある天皇の住居。現代にもある皇居。

□ **大内裏《だいだいり》《おおうち》**

二官八省などの諸官庁が配備された、宮中役人が勤務する場所。

□ **都市エリア**

都の市街地。朱雀大路を境に左京と右京に分かれていた。神泉苑、大学寮、宮家や貴族の邸宅があるなど、城郭をめぐらす都市。

□ **①神泉苑《しんせんえん》**

大内裏の南側にある天皇や貴族の遊覧地。常に清泉が湧き出たらしい。空海が雨乞いをして雨を降らせたことでも有名な場所。

□ **②大学寮《だいがくりょう》**

平安時代の大学。宮中役人を養成する最高教育機関。学生《がくしょう》は貴族やそれ以下の役人の子に限られていた。卒業して国家試験に合格すると官職に就くことができた。現代の東大よりも難関だったらしい。

☐ **③宮家や貴族の邸宅**

皇族の住居や貴族の住居が敷地面積4町（東京ドーム1.5倍程度）の広さで建てられていた。

◆入試頻出平安京の周辺の場所

☐ **①糺《ただす》の森**

下鴨神社の境内、南側にある森。賀茂祭やほととぎすの名所。多くの和歌に詠まれる歌枕。

参考 古文では「祭」と表記されただけで「賀茂祭」を表す。

☐ **②粟《あわ》田《た》口《ぐち》**

東国への出入り口の地名。古文で粟田口が出てきたら旅の道中の場面が多いので注意しよう。

☐ **③鳥《とり》辺《べ》野《の》**

平安時代の火葬場があった場所。

参考 和歌で「鳥辺山」と表記される場合、誰かの死を意味した。「鳥辺山」と「煙」は縁語。

テーマ
5
住居(2)大内裏・内裏〈紫宸殿・後宮・清涼殿〉
古典理解の基礎

大内裏図

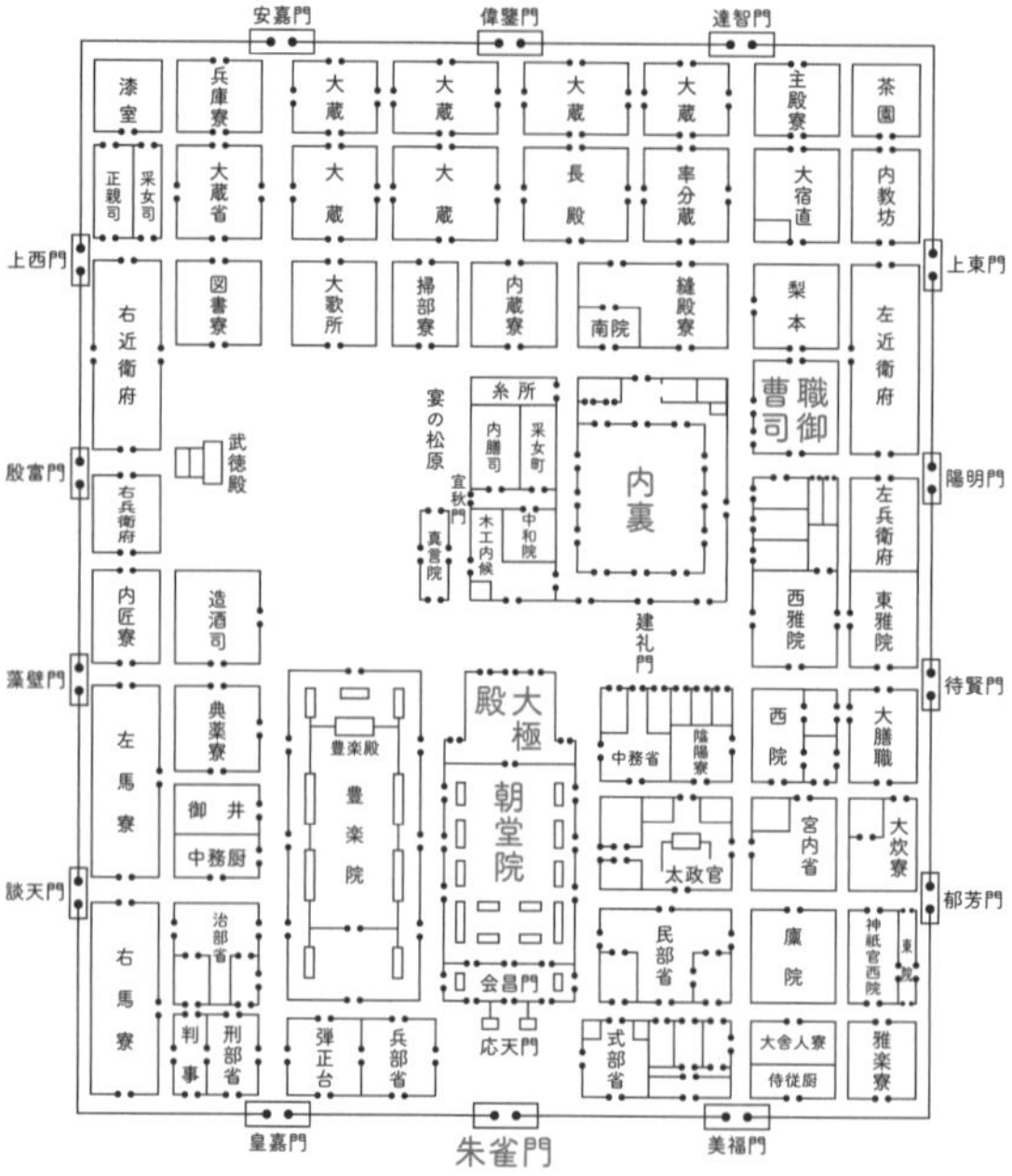

大内裏《だいだいり（おおうち）》は宮中役人の勤務する場所です。その部屋の中で知っておかなければいけないものを紹介しましょう。(1)朝堂院《ちょうどういん》。上の図、南側にある朱雀門を入ると正面にある御殿。(2)大極殿《たいきょくでん》。朝堂院の北にある正殿。(3)内裏《だいり（うち）》。大極殿の北東にある皇居。(4)職御曹司《しきのみぞうし》。内裏の北東にある御殿です。これら四つは入試古文で頻繁に出てくる場所なので、上の図で位置を確認し、28ページの用語説明を読んで理解しましょう。

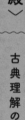

内裏図

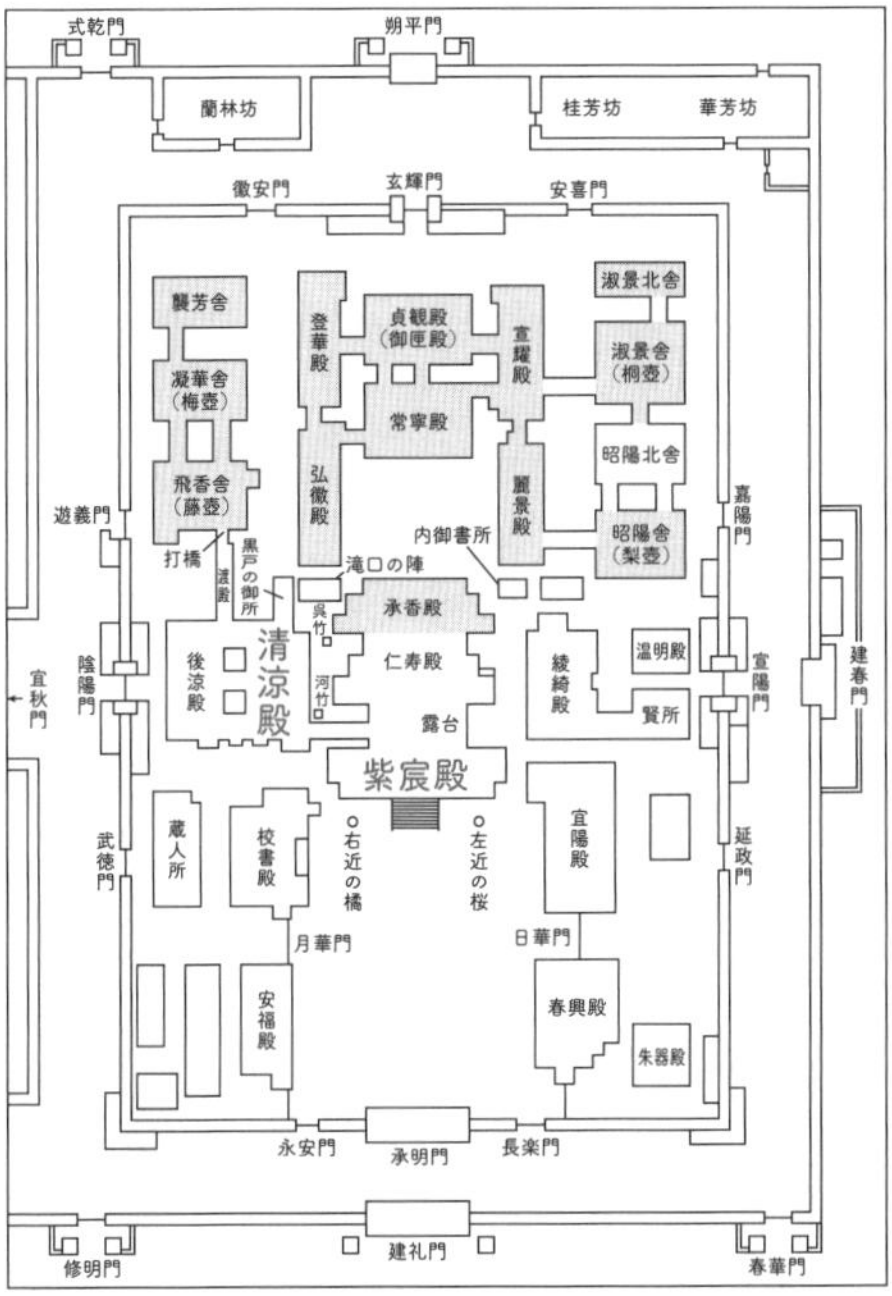

内裏は、平安京の天皇の住居、皇居でした。現在の京都御所と同じですが、京都御所は内裏が何度も焼失したため場所を移し、新しく造り替えたものなので、古典作品に出てくるものとは造りが多少異なります。**「内裏」は入試古文の宮廷作品で最も頻出の場所**です。その中でも、(1)紫宸殿《ししんでん》(南殿《なでん》)(2)後宮(上図アミカケ部)(3)清涼殿の3ヶ所は宮廷を題材にした古典作品を読解するのに必要不可欠な場所です。上の図で位置を確認し、29ページの用語説明を読んでおきましょう。

テーマ
5 住居(2)大内裏・内裏〈紫宸殿・後宮・清涼殿〉

重要用語リスト

□ 大内裏《だいだいり／おおうち》

宮中の役人が勤務する二官八省などの諸官庁がある場所。南面に正門の朱雀門があった。内部には、大極殿、朝堂院、内裏、職御曹司、陰陽寮などが配備されていた。

□ ①朝堂院《ちょうどういん》

大内裏にある正殿。天皇が関わる大きな儀式が行われた場所。正門、応天門を入った内側の区画。大極殿などの御殿を回廊で囲んでいる。

□ ②大極殿《たいきょくでん》

朝堂院の中にある部屋。国の大きな儀式が行われる際に天皇が臨席した部屋。

□ ③職御曹司《しきのみぞうし》

皇后・中宮に関する事務などを司る役所。ただし、中宮定子が仮御所として住んでいた期間があり、「枕草子」では中宮の御殿を意味するときがあるので注意しよう。

□ 内裏《だいり／うち》

大内裏の中にある天皇の住居。皇居。正門、建礼門・承明門を入ると正面中央に紫宸殿、その北側に仁寿殿、その西側に清涼殿、さらにその北側に後宮（27ページ図のアミカケ部）がある。各御殿を回廊で結び、外側周辺を築地《ついじ》という土塀で囲んでいた。

□ ①紫宸殿《ししんでん》

内裏の正殿。別名を南殿《なでん》。建礼門・承明門を入り正面に位置した建物で即位・朝賀・節会《せちえ》など公式な儀式を執り行った。特に、大極殿が荒廃した後は、紫宸殿が正殿の役割を果たした。

□ ②高御座《たかみくら》

営会《じょうえ》・即位・朝賀・節会など公式な儀式を執り行う時に、天皇が着座する座。天皇しか座れない神の座なので、皇位そのものを意味した。大極殿が焼失した後は紫宸殿の中に置かれた。

□ 左近《さこん》の桜・右近《うこん》の橘

紫宸殿の前に植えられた木のこと。南を向いている天皇から向かって左側＝東側に桜、右側＝西側に橘を植えたので、「左近の桜」「右近の橘」と呼ばれた。

□ 清涼殿《せいりょうでん》

天皇の部屋。日常を過ごした場所。

※テーマ⑥清涼殿で詳細を説明

□ 後宮《こうきゅう》

皇后・中宮・女御・更衣などの天皇の妻やその人たちに仕える女官が住んだ部屋の総称。七殿の弘徽殿《こきでん》・登華殿など、五舎の淑景舎・飛香舎など、の部屋が設けられた。

※27ページの図中、アミカケの部屋が後宮にあたる。

テーマ

6

住居(3) 清涼殿の部屋の名称と特徴

天皇の暮らしを知る

清涼殿《せいりょうでん》とは、内裏《だいり》《うち》の中にある天皇が日常生活をする部屋です。天皇が住む部屋といっても、どんな部屋なのかイメージが湧かないと思うので、清涼殿の部屋を分類しましょう。①天皇の昼間の御座所、②天皇の私的空間（食堂とか洗面所）、③家臣が控える部屋の三つです。①天皇が昼間にいらっしゃる部屋は、「昼御座《ひのおまし》」、②私的空間には、「夜御殿《よんのおとど》」「上御局《うえのみつぼね》」「御湯殿上《おゆどののうえ》」「御手水間《ちょうずのま》」「朝餉間《あさがれいのま》」「台盤所《だいばんどころ》」、③家臣が控える部屋には「孫廂《まごびさし》」「殿上間《てんじょうのま》」などがあります。どれも難しい漢字の名前ですが、部屋の特徴はとても簡単です。左の図と32・33ページの用語解説を照らし合わせて見てください。また、現在の京都御所に平安時代の清涼殿が復元されていますので、観光ついでに見学すると、リアルな様子を知ることができ、理解が深まるかもしれません。

　私たち庶民が住む家とは違い、皇居には特別な決まりや習慣があるので、代表的な部屋の特徴を知らないと、誰がなにをする部屋なのか意味不明だと思います。**「讃岐典侍《さぬきのすけ》日記」など、入試頻出の宮廷体験談を読むためにも必須の知識**です。

清涼殿図

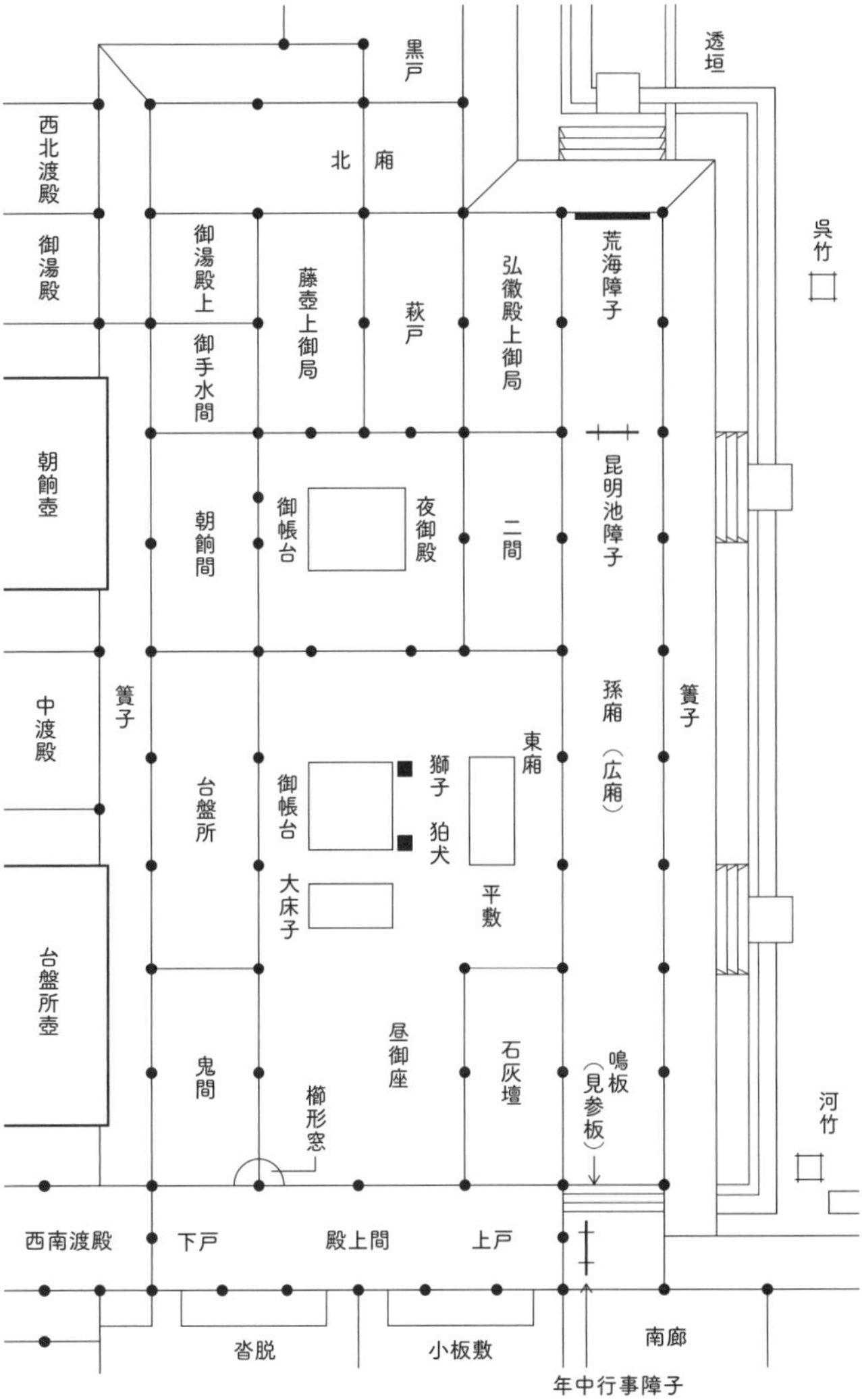
黒戸
透垣
北廂
西北渡殿
御湯殿
御湯殿上
御手水間
藤壺上御局
萩戸
弘徽殿上御局
荒海障子
呉竹
朝餉壺
朝餉間
御帳台
夜御殿
二間
昆明池障子
中渡殿
簀子
台盤所
御帳台
獅子
狛犬
東廂
孫廂
（広廂）
簀子
大床子
平敷
台盤所壺
鬼間
昼御座
石灰壇
鳴板
（見参板）
櫛形窓
河竹
西南渡殿
下戸
殿上間
上戸
沓脱
小板敷
南廊
年中行事障子

テーマ 6

住居(3)清涼殿の部屋の名称と特徴

重要用語リスト

◆清涼殿の各部屋の名称と用途

□ ①昼御座《ひのおまし》

天皇が昼間いらっしゃる部屋。御帳台が設けられていて天皇が着座している。古文でこの部屋が出てきたら、天皇が登場する前提で訳すこと。また、昼御座には、「櫛形窓《くしがた》」があり殿上間や鬼間をのぞくことができた。

□ ②夜御殿《よんのおとど》

天皇の寝室。昼御座の北側にある部屋。

□ ③上御局《うえのみつぼね》

天皇の妻が寝室に入る前に控えるための部屋。「弘徽殿上御局」と「藤壺上御局」の2部屋がある。

□ ④台盤所《だいばんどころ》

清涼殿に仕える女官たちが控えている部屋。※貴族の邸宅では台所を意味するので注意しよう。

□ ⑤御湯殿上《おゆどののうえ》
天皇の湯浴みに奉仕する女官の控える部屋。

□ ⑥御手水間《おちょうずのま》
天皇が毎朝手水を使って身だしなみを整えた部屋。洗面所。

□ ⑦朝餉間《あさがれいのま》
天皇が略式の食事をする部屋。※正式な食事は昼御座でとる。

□ ⑧孫廂《まごびさし》
臣下が清涼殿に昇殿した時に天皇に会うために座した場所。

□ ⑨殿上間《てんじょうのま》
臣下の控室及び会議室。ここで陣の定めが行われた。

□ ⑩黒戸《くろど》
臣下が清涼殿に昇殿する時に控えた部屋。

テーマ

7

住居(4) 貴族の住居〈寝殿造り〉

貴族の暮らしを知る

平安京の都市エリア（大内裏の外側）には、貴族や庶民の邸宅がありました。平安時代から鎌倉時代にかけての貴族の住居は、「寝殿造り」と呼ばれる建築スタイルで、基本的にみんな同じような家に住んでいました。広さは東京ドーム1.5倍ほどの大豪邸で、屋敷の外側を築地という塀で囲んでいます。中央には、「寝殿」（正殿）があり、東西北の三方向に「東の対の屋・西の対の屋・北の対の屋」を置きました（すべての対の屋がそろっていない場合もある）。東の対の屋と西の対の屋から南に廊下が延びていて、その先には釣殿があります。寝殿の庭には季節の草木が植えられ、南側の池に舟を浮かべて宴を楽しんでいました。億万長者だった平安貴族が、いかに栄華を極めたか、この優雅な豪邸から想像できるでしょう。**「紫式部日記」で藤原道長が多くの客を招いて宴会をする話など、貴族の宴会は入試でもお馴染《なじ》みの場面です。**

一方、平安時代の庶民はどんな所に住んだのでしょうか。実は、家など持てませんでした。長屋という細長い家の中を仕切った部屋に住んでいたと言われています。**現代の私たちからは想像を絶する超格差社会が古文の世界**なのです。

寝殿造り

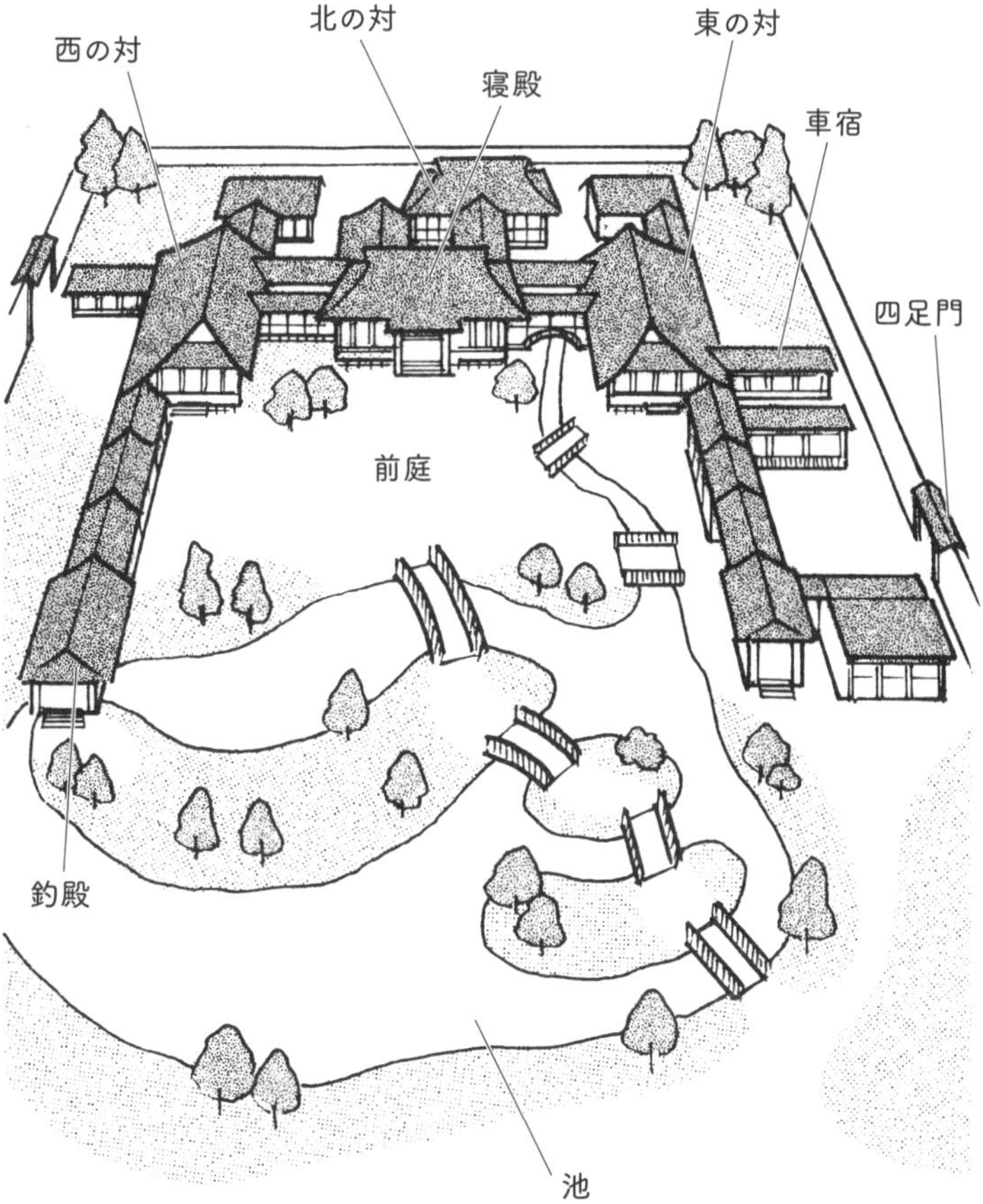

テーマ
7
住居(4)貴族の住居〈寝殿造り〉
重要用語リスト

□ **寝殿**《しんでん》

屋敷の中心となる正殿。主人や正妻が居る部屋。客間として使用され、宴会などを行った。入試頻出である貴族の宴会の場面は、この寝殿で行われる。

□ **対の屋**《たいのや》

寝殿の東西北の三方向にある御殿。「東の対の屋」、「西の対の屋」、「北の対の屋」があるが、すべての対の屋がそろわない場合もある。東の対の屋・西の対の屋には、主人の家族が住み、北の対の屋には、正妻が住んでいた。ここから、正妻のことを「北の方」と呼ぶようになった。

□ **渡殿**《わたどの》

御殿と御殿の間の連絡通路。「透《す》き渡殿」は、壁がない通行用の屋根付きの廊下。「渡殿」は格子という雨戸が付いているもの。

□ **遣水**《やりみず》

庭に流れる人工的な水路。賀茂川などの地下水を引き、南側の池に水を送っていた。

□ **中島**《なかしま》

寝殿造りの庭園の池の中に造った島。橋などを架けて渡れるようにしていた。

□ 釣殿《つりどの》
川床《かわゆか》になっている御殿。釣りや花見などに使われた娯楽の場所。

□ 車宿《くるまやどり》
門を入った所にある牛車《ぎっしゃ》を停める駐車場。

□ 四足門《よつあしもん》
屋敷の門の種類の一つ。大臣クラスの貴族の邸宅にある門。寝殿造りの門は東西北に構え、東西の門が正門となった。

□ 築地《ついじ》
屋敷の外側を囲む土塀。

□ 前栽《せんざい》
庭に植えた低い植栽。

テーマ

8

住居(5)貴族の住居の正殿〈寝殿〉

貴族の宴に要注意

　さて、次は「寝殿」、貴族の家の宴会場となる正殿を案内します。古典作品では、貴族が酒を飲み、楽器の演奏をしたり、詩歌を詠み交わしたりして宴を楽しむ姿がよく描かれていますが、**この享楽的な生活には、権力の誇示や政治的な目的が潜んでいることが多い**のです。現代のドラマでも、権力ある政治家が料亭に人を集めて宴会をするという設定がありませんか。誰が来たかとか来ないとか、自分はどこに座るべき立場かとか、誰が乾杯の音頭をとるのかとか、参加者が頭の中で力関係を計算しているようなドラマのシーンです。当時の宴会も似たようなものだと思ってください。例えば宴会場での座る位置が身分によって異なるとか、立場をわきまえた会話を守るとか、暗黙のルールがあったのです。

　寝殿の内側は、中央に「母屋《もや》」、母屋の外側を囲む細長い部屋が「廂《ひさし》の間」、廂の間の外に「簀子《すのこ》」があります。宴会は主人がいる母屋で行われ、母屋を囲むようにある廂の間には、側近である女房が宴会をサポートしていました。母屋と廂の間、廂の間と縁側の間には簾《すだれ》があり、簾越しの応対をするのが習慣でした。**藤原氏の大臣が母屋の簾の向こう側にいる女房に和歌を詠ませるような場面は、入試頻出**ですね。

寝殿拡大図

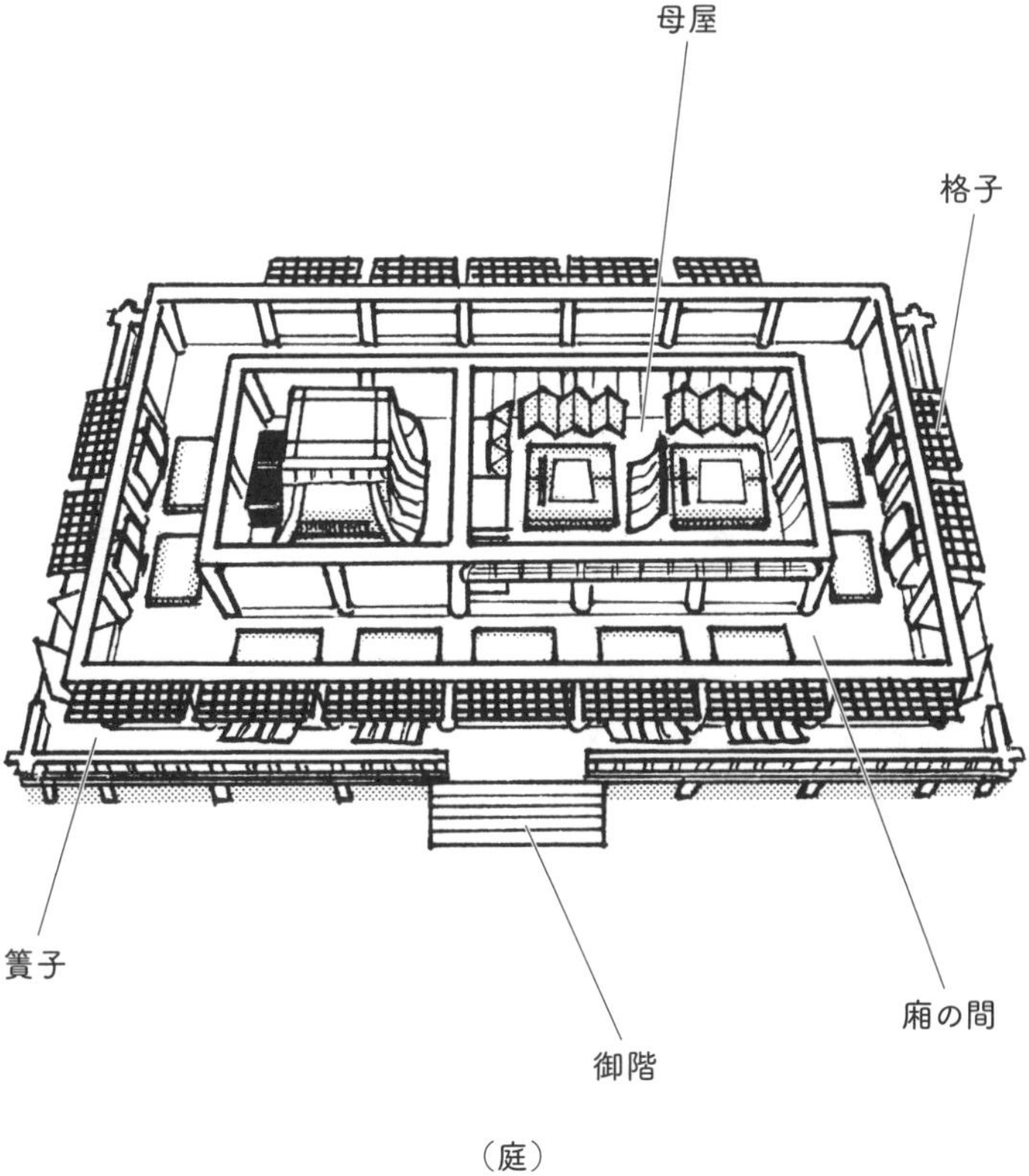

テーマ

8 住居(5)貴族の住居の正殿〈寝殿〉

重要用語リスト

□ 母屋《もや》

寝殿の中央南側に向く部屋。主人や家族がいる場所で、客をもてなした部屋。

□ 廂《ひさし》の間

母屋の外側に設けた細長い部屋。畳を敷いて側近が座る部屋。宴会の時は、女房などが廂の間に控えて接客などをした場所。

□ 簀子《すのこ》

縁側。雨戸の外側にある廊下。

□ 妻戸《つまど》

観音開きの扉。部屋の内外を移動する時に使う戸。

□ 塗籠《ぬりごめ》

母屋の隣にあたる東西に設けた部屋。その家の宝物や調度品などを置く物置のような部屋。

□ 御簾《みす》

部屋の内外を仕切るもの。母屋の前の簾と廂の間と簀子の間を仕切る簾があった。簾は内側からは外側が透けて見えるが、外側からは内側が見えない構造になっている。

□ 茵《しとね》

畳の上に敷く座布団の一種。真綿が入った正方形の敷物で、四方が縁どられている。

□ 几帳《きちょう》

平安時代以降に使った間仕切りの一つ。T字の棒に布を下げたもの。顔を見られないように几帳を立てる習慣があった。

□ 遣戸《やりど》

引き戸。部屋と部屋の間を仕切る戸。

□ 格子《こうし》　蔀《しとみ》

雨戸。屋敷の外まわりに取り付ける板戸。

テーマ 9

衣装(1)〈男性〉

知識を読解に生かそう

主に平安時代の作品に登場する男性は、どんな衣装を着ていたのでしょうか。貴族男子は、宮中での行事や公務をする時には、朝服と呼ばれる着物を身に着けました。正装は「束帯《そくたい》」、普段着は、上流貴族が「直衣《のうし》」、中流貴族が「狩衣《かりぎぬ》」です。その中でも正装の束帯姿は、身分がすぐわかるように法令によって色が決められていました。天皇は自由に色が選べましたが、上流貴族は黒か紫、中流貴族はその他の鮮やかな色を着用しました。また「狩衣」は、宮中以外の場所へ出かける時の外出着としても用いられていました。上流貴族が妻の家に訪問する時には、わざわざ狩衣姿に着替えて、目立たない格好で出かけました。ちなみに、狩衣は、今でも神社の神主さんが着ている衣装です。武士の衣装は、「直垂《ひたたれ》」や「水干《すいかん》」です。「直垂」は庶民の衣装でしたが、機能性が好まれて武士が着用するようになったようです。

入試では、衣装自体を答える問題は稀ですが、衣装から主語や状況を判断することがあるので、衣装の読み方や大まかな特徴を捉えておくと安全でしょう。

束帯

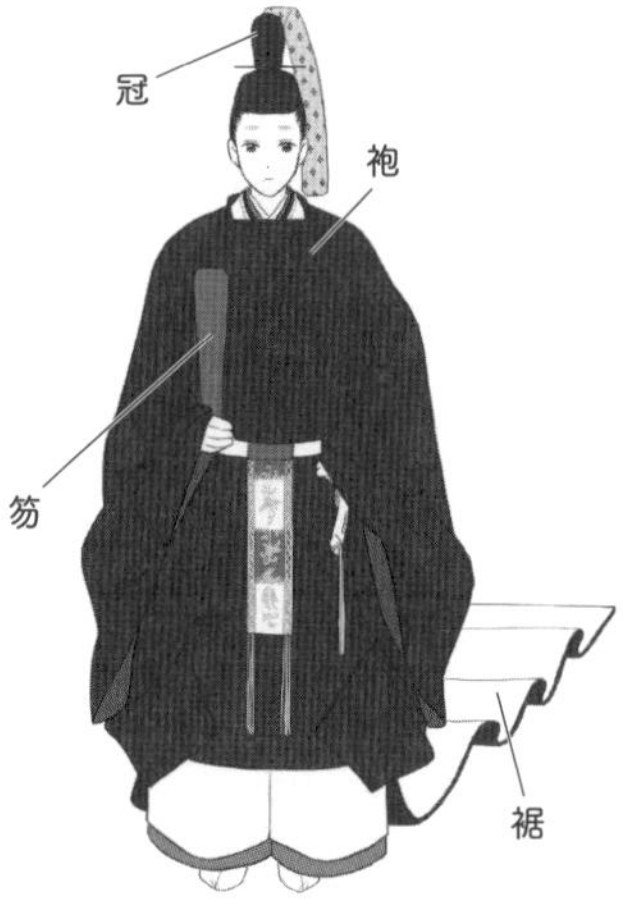

直衣

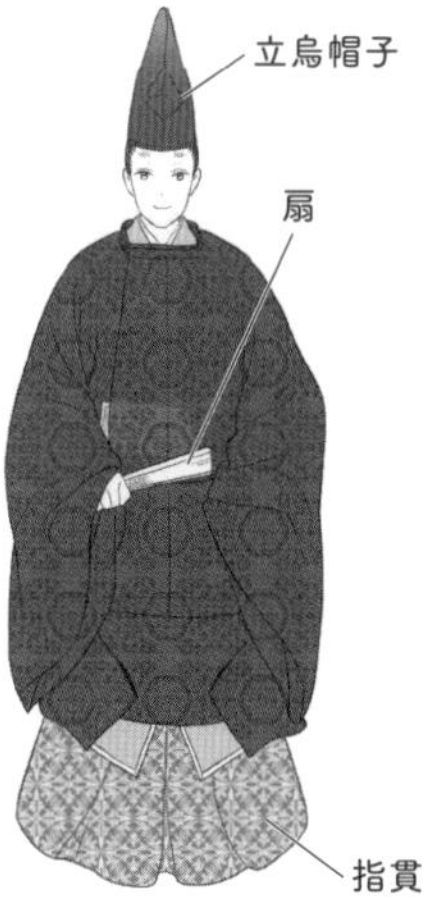

狩衣

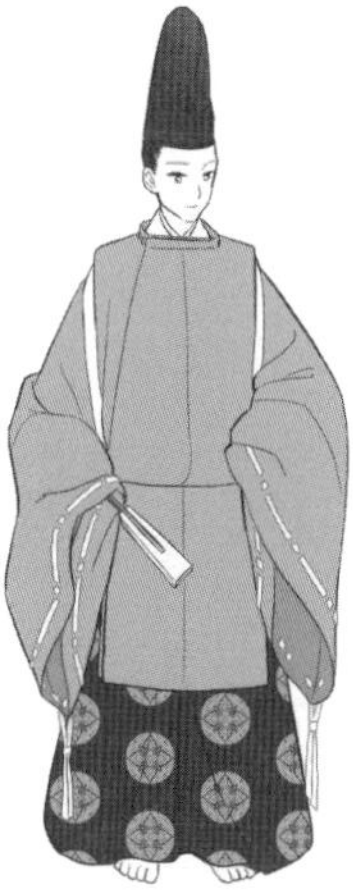

直垂

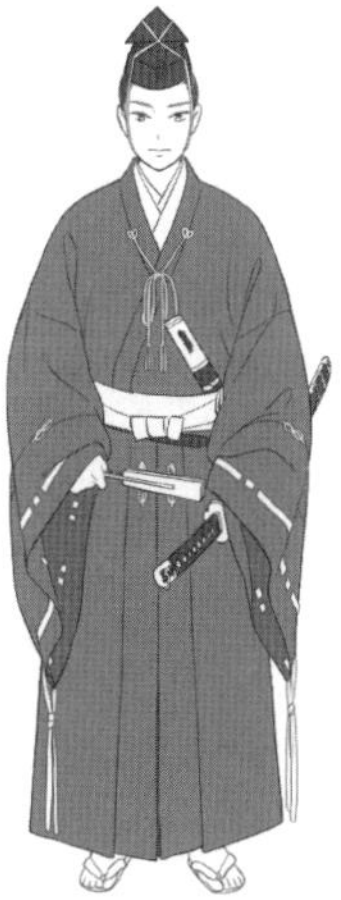

テーマ

9 衣装(1)〈男性〉

重要用語リスト

□ 束帯《そくたい》

五位以上の貴族男子が宮中で身に着ける正装。頭には冠、手には笏《しゃく》を持ち、上には袍《ほう》を被《かぶ》り、下は袴を着用し宝石の付いた帯を締めた。束帯姿は身分ごとに色が指定されていた。

□ 直衣《のうし》

上流貴族の男子が宮中で身に着けた普段着。束帯と違い色は自由に選べた。

□ 狩衣《かりぎぬ》

中流貴族の男子が宮中で身に着けた普段着。脇が開き、両袖の部分に紐が付いていて袖の先が絞れるようになっていた。狩りや女性の家に訪問する時などにも着用した。

□ 直垂《ひたたれ》

武士が着る衣装。頭には折烏帽子《おりえぼし》を被る。直垂はもともと庶民の衣装だったが、後に武士の衣装になったもの。

□ 水干《すいかん》

下級役人や武士の衣装。

□ 烏帽子《えぼし》

元服した男子が被る黒い帽子。貴族は「立《たて》烏帽子」、武士は行動しやすいように細かく折った「折烏帽子」を被った。

□ 指貫《さしぬき》

男子が直衣や狩衣の下に着る袴。裾を紐で絞った袴。

□ 檜扇《ひおうぎ》

ヒノキの細長い薄板を重ねた扇。男性用は白木のままのもの。男性貴族が儀式の時に笏の代用として作法などをメモするためにも使用した。

□ 笄《こうがい》

男女兼用の髪の毛を整えたり、とめたりする棒状の櫛。男性貴族の冠をとめる道具。

□ 苔《こけ》の衣

僧侶が修行する時に着る服。

テーマ

10 衣装(2)〈女性〉

常識は説明なく記述される

平安時代の女性と言えば、「十二単《じゅうにひとえ》」というイメージですが、古文では「裳唐衣姿《もからぎぬすがた》」と表現するほうが多いです。「裳唐衣姿」は、宮中での儀式や女官が出仕する時に着た正装です。「単衣《ひとえ》」の上に「袿《うちき》」を5枚くらい重ねて、その上に裳という袴と唐衣という上着を着た姿です。着物は布団みたいに重いので、これだけ着ると動けない状態だったようです。下着は着けず裳をとめる紐一本で縛るだけなので、動くとはだけてしまいます。こんな服装で女房は公務をこなしました。それに比べて、女主人や姫は、裳唐衣姿から「唐衣」「裳」を脱いだ「袿姿」という略装でいました。これは、当時の住居に原因があって、部屋を仕切る簾が、高貴な人が居る部屋の内側から外の者は見えても、外からは見えない構造になっているので、内側にいる主人や姫は略装でもかまわなかったのです。衣装の名前と特徴は、文章読解する時の大きなヒントです。平安時代の女性貴族は、外出する機会も少なく、顔を見せることもありません。**着物の名前と特徴から人物を特定する場合が多い**ので注意しましょう。

裳唐衣

袿姿

細長

テーマ

10

衣装(2)〈女性〉

重要用語リスト

□ 裳《も》唐衣《からぎぬ》姿《すがた》

女性の正装。宮中の儀式・公務をする時に身に着けた衣装。別称「十二単」。

□ ①裳《も》

正装する時に腰から下に着ける袴。女房は日常この袴を着けている。

□ ②唐衣《からぎぬ》

正装する時に「袿」の上に着ける膝から上の上着。

□ ③檜扇《ひおうぎ》

宮中女性が正装する時に持つ扇。扇面に絵が描かれた装飾品だが、顔を隠す道具としたり、和歌を書いて相手に贈ったり、コミュニケーションの道具として用いた。

□ 袿《うちき》姿

女主人や姫が身に着ける日常の姿。「裳唐衣姿」から裳と唐衣をとった姿。P47のイラストは袿を短くした小袿の姿。

□ 単衣《ひとえ》

一重に仕立てた着物。浴衣の生地に近いもの。上着の内側に身に着けた。

□ 壺装束《つぼしょうぞく》

貴族の女性が外出する時に着る衣装。

□ 細長《ほそなが》

貴族女性の衣装。若い女性が小袿の上に重ねて着た。

□ 小袖《こそで》

平安時代の庶民の女性が日常に着た衣装。

□ 薫物《たきもの》

お香。古代ではお風呂に入る習慣がないこともあり、常にお香をたき着物に匂いを染《し》み込ませた。貴族の身だしなみの一つ。

テーマ

11

男性貴族の人生モデル

除目が運命の分かれ目

平安時代の貴族男子がどんな人生だったか、物語世界から読み解けるモデルケースを紹介しましょう。貴族の男子は、誕生後、産養《うぶやしない》、五十日《いか》の祝《いわい》などを経て、3歳から5歳で「袴着《はかまぎ》」という初めて袴を着る儀式を行います。現在の七五三です。その後、宮中での作法見習いのため昇殿を許されたので、「童殿上《わらわてんじょう》」と呼ばれました。元服（成人式）は、冠を着ける「初冠《ういこうぶり》」という儀式で、15歳くらいで行います。元服すると、原則として上位の貴族の子弟は蔭位《おんい》の制《せい》によって従五位の身分に就けますが、それ以外の男子は、大学寮《だいがくりょう》の博士にならないと身分が得られません。貴族全員が世襲だったわけではないのです。

宮中役人になった男子には、「除目《じもく》」と呼ばれる人事異動が待ち受けています。秋は宮中役人、春は地方役人が、出世または左遷と運命が分かれました。仕事内容は、国政に関する会議や書類の管理、年中行事を取り仕切る業務など、ミスが許されない厳しい仕事です。一日の日課は、夜明け前に陰陽寮《おんみょうりょう》が鳴らす鐘で起床、宮中へと向かい、午前中に仕事、午後には帰宅、夜は宿直《とのい》や宴会、日没とともに就寝というのが基本スタイルです。晩年には、娘を入内させ自分が摂政関白になる、というサクセスストーリーが平安時代の藤原氏の例に見られました。

男性貴族の人生

テーマ 11

男性貴族の人生モデル

重要用語リスト

□ 産養《うぶやしない》

生後、3日、5日、7日、9日の夜に、子どもの将来の幸せを願って祝う宴。『源氏物語』若菜上の巻に記されている。

□ 五十日《いか》の祝《いわい》
百日《ももか》の祝《いわい》

生後50日目、100日目に行われる食い初めの儀式。無事に育つことを祈願する意味と社会的なお披露目の意味があった。『紫式部日記』にある中宮彰子の出産前後の場面は有名。

□ 袴着《はかまぎ》

3歳から5歳頃に行われた人前で初めて袴を着る儀式。現在の七五三にあたる。

□ 童殿上《わらわてんじょう》

宮中での作法を見習うために、子どもの時から宮中に昇殿した上流貴族の子ども（男子）のこと。

□ 初冠《ういこうぶり》

貴族男子の成人式。人前で冠を着ける元服式。

□ 除目《じもく》

役人の人事異動。(1) 県召《あがためし》の除目。春に行われる地方役人の人事異動。(2) 司召《つかさめし》の除目。秋に行われる中央役人の人事異動。

□ 蔭位《おんい》の制

親王以下、上位の貴族の子や孫に与えられた特権。親の身分に応じてその子が一定の位階に就ける世襲制度。蔭位の制が使えない貴族の子は「大学寮」へ進学して自力で身分を獲得しなければならない。

□ 大学寮

平安時代の大学。宮中役人を養成する最高教育機関。学生《がくしょう》は貴族やそれ以下の役人の子に限られていた。卒業して国家試験に合格すると官職に就くことができた。現代の東大よりも難関だったらしい。

□ 結婚

元服の後、多くの妻を持つことが通例だったが、基本的に正妻は一人だった。藤原摂関時代においては、二人の后が存在する例外もみられる。

□ 娘の入内

藤原摂関時代に、父親が娘を天皇に嫁がせることは、政治上大きな意味をもった。娘の入内をきっかけに、天皇の後見人となり、父親が摂政関白として天皇に代わり国政を行うことが続いた。

テーマ

12

女性貴族の人生モデル

教養がものを言う女性の人生

藤原道長の娘、中宮彰子《しょうし》や彰子に仕えた紫式部など、平安時代の貴族女性の人生を見てみましょう。上流貴族の女性は、生後3歳から5歳頃「袴着《はかまぎ》」(現代の七五三)を行い、その後入内を目指したお妃教育を受けました。顔を合わせず結婚する時代ですから、習字・楽器の演奏・和歌などの基礎教養がモテる女の条件なのです。13歳頃になると、「裳着《もぎ》」という人前で裳を着ける成人式が行われ、入内となりました。結婚は、本人の意思よりも父親の政治力のために利用されたのが実態です。娘が天皇の后になれば、父親は天皇の舅に、娘が産んだ子が即位すれば天皇の祖父になる。その立場により父親は摂政や関白となって天皇を支配する権力を掌握できるのです。藤原氏が栄華を極めた摂関時代が、この実例です。**平安時代の上流階級の娘は、生まれながらにして政治に巻き込まれる人生を歩む運命でした。**中宮付きの女房に、清少納言や紫式部のような才女が多かったのも、中宮が政治的に難しい境遇にあるからこその人選だったのかもしれません。

女房には、中流貴族の父を持つ女性が選ばれました。容姿、教養を兼ね備える女房が寵愛を受けた様子を書いた「枕草子」には、彼女たちの退職後の人生は、実家での居所がなく、親戚を頼る落ちぶれたものだと描かれています。

女性貴族の人生

テーマ

12 女性貴族の人生モデル

重要用語リスト

□ 袴着《はかまぎ》

3歳から5歳頃に行われた人前で初めて袴を着る儀式。現在の七五三にあたる。

□ お妃教育

将来、入内もしくは高貴な男性に嫁ぐため、娘に基礎教養を身につけさせる教育。主な科目は、(1)習字 (2)楽器の演奏 (3)和歌など。袴着が終わる年齢くらいから始めた。

□ 裳着《もぎ》

貴族女子の成人式。人前で裳を着用する儀式。13歳頃が一般的だった。

□ 入内《じゅだい》

「入内」とは天皇と結婚すること。入内した女性は跡継ぎになる男子を産むことが求められた。貴族と結婚した女性は、むしろ入内を託せる女の子を出産することを求められた。

□ 着帯の儀

妊娠5か月頃、その女性のお祝いと安産祈願のために、お腹に帯をまく「着帯の儀」が行われた。『源氏物語』宿木《やどりぎ》巻で登場する。

□ 出産

出産が近づくと、読経や加持祈禱《きとう》などの安産祈願が行われる。当時の出産は、死を伴う命がけのものなので、「穢れ」と恐れられ、物の怪が取り憑くと考えられていた。出産場所は実家、または占いで決めた場所、「穢れ」であるので、宮中で出産はしない。

□ 産屋《うぶや》の儀

出産後に行われる一連の儀式。皇子誕生の時には、「湯殿の儀」、新生児に湯を浴びさせる儀式や「読書の儀」などがある。「読書の儀」は、今（令和）の天皇陛下の娘、愛子さまの時に報道された儀式。

□ 宮仕え

高貴な人や権力者に仕えること。宮中で仕える時だけを意味する言葉ではない。

□ 女房の宮廷生活

女官にとって宮廷は憧れの世界という反面、実際の生活はつらく厳しいものだった。共同部屋に住むためプライバシーもなく、仲間どうしでも嫉妬などから噂が絶えない状況にあったと日記作品に描かれている。

□ 里居

実家。もしくは、実家に里帰りすること。

テーマ

13

〈入試頻出〉藤原摂関時代の代表人物①

天皇家系図

※右上の数字は何代目の天皇かを表す。

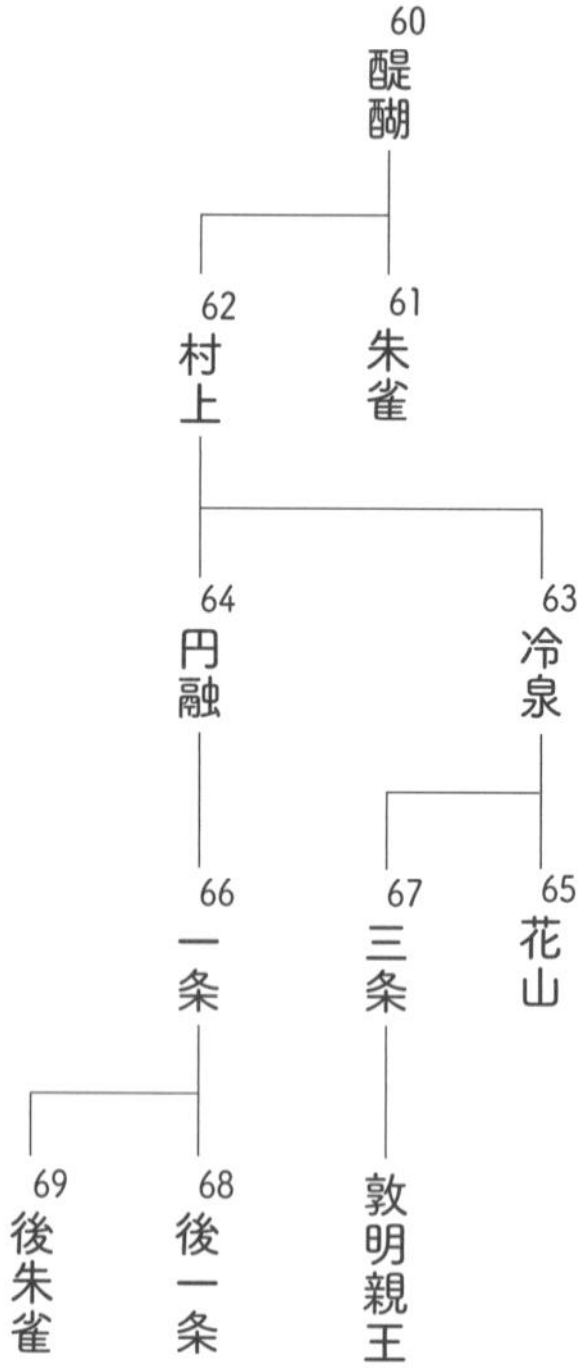

60 醍醐
61 朱雀
62 村上
63 冷泉
64 円融
65 花山
67 三条
66 一条
敦明親王
68 後一条
69 後朱雀

藤原氏が栄華を極めた平安時代は、**皇位継承や家督争いなどの政治的事件が歴史物語に描かれています。**ここでは、藤原氏と関係が深い天皇と、平安を代表する権力者、藤原道長の周辺の人々を紹介します。まずは、藤原氏に翻弄される天皇5人の人物像に迫ってみましょう。

テーマ 13

〈入試頻出〉藤原摂関時代の代表人物①

重要用語リスト

□ **醍醐《だいご》天皇**

第60代天皇。延喜5（905）年『古今和歌集』を成立させた。地下《じげ》の凡河内躬恒《おおしこうちのみつね》と壬生忠岑《みぶのただみね》を撰者に抜擢した人物。晩年は、藤原氏に牛耳られ菅原道真を配流したことが『大鏡』に描かれている。

□ **村上天皇**

第62代天皇。醍醐天皇の皇子。「延喜・天暦の御時」と称された醍醐・村上天皇の時代は、文化が繁栄した時期だった。皇后安子が女御芳子に嫉妬する有名な事件が『大鏡』に書かれている。

□ **冷泉《れいぜい》天皇**

第63代天皇。在位中に安和《あんな》の変が勃発したため、藤原氏の勢力が拡大して政治の実権を奪われ、2年で退位した。この時代から摂政・関白が常設された。

□ **花山《かざん》天皇**

第65代天皇。冷泉天皇の第一皇子。数々の政治改革を試みたが、寵姫の死で失意し、藤原道兼に欺かれて2年足らずで出家した。『大鏡』に道兼が花山天皇をだまして出家させ、一条天皇の即位を企てた政治模様が描かれている。

□ **一条天皇**

第66代天皇。母は兼家の娘、詮子。7歳で即位したため、藤原氏（兼家・道隆・道兼・道長）に政治の実権を奪われた。道隆の娘皇后定子と道長の娘中宮彰子の2人の后をもった。

テーマ
14
〈入試頻出〉藤原摂関時代の代表人物②

次に、皆さんが知っている平安時代一番の権力者道長を中心に、道長の父＝兼家、兄＝道隆、兄の子＝（甥）伊周、（姪）定子、娘＝彰子など、入試頻出作品に登場する人物を紹介します。

藤原氏系図

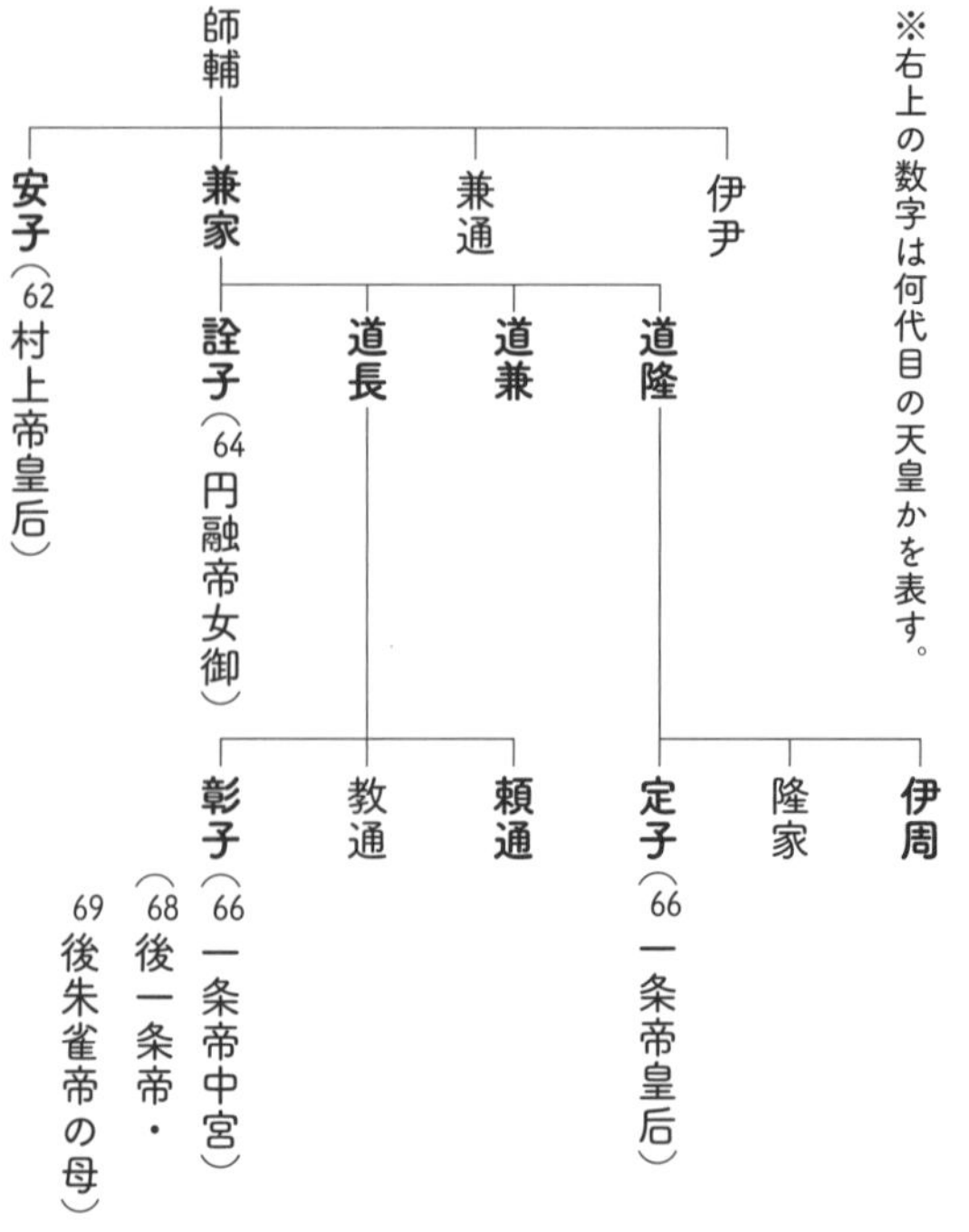
※右上の数字は何代目の天皇かを表す。
師輔
伊尹
兼通
兼家
安子（62村上帝皇后）
道隆
道兼
道長
詮子（64円融帝女御）
伊周
隆家
定子（66一条帝皇后）
頼通
教通
彰子（66一条帝中宮）（68後一条帝・69後朱雀帝の母）

テーマ 14

〈入試頻出〉藤原摂関時代の代表人物②

重要用語リスト

□ 兼家《かねいえ》
道隆・道長の父。『蜻蛉《かげろう》日記』の作者の夫。花山天皇を出家させ、一条天皇を擁立、摂政に就任した。藤原摂関時代を築いた人物。

□ 道隆《みちたか》
父兼家の次の関白。弟道長の政敵。娘の定子が一条天皇の中宮に即位し栄華を極めたが、その数年後に死去する。『枕草子《まくらのそうし》』によく登場する人物。

□ 伊周《これちか》
父道隆の死後、次期関白をめぐり道長と争い敗北する。その後、花山院に矢を射かけた罪で左遷される。道長と比べて政治的に劣る人物。

□ 道長《みちなが》
兼家の子。多くの政敵に勝利し、一条天皇の時代に政治の最高権力者になると娘を次々に入内させ、天皇の外戚として実権を握り続けた人物。

□ 定子《ていし》と彰子《しょうし》
定子は道隆の娘。彰子は道長の娘。共に一条天皇の后。兄伊周の左遷などで中宮定子の政治的基盤が揺らいだ時期に、道長の娘彰子が中宮に即位、定子は皇后となる。清少納言は定子に、紫式部は彰子に仕えた女官。『枕草子』『紫式部日記』にお互いの批判が書かれている。

テーマ

15

出逢い・恋愛・結婚

現代とかけ離れた結婚事情

平安時代の貴族は、男女がほとんど顔も見ないまま結婚するのが普通でした。恋のきっかけは、男が女の噂を聞く、誰かの紹介、もしくは偶然女性を見てしまった時です。そこから、手紙の交換、訪問、結婚と段階を踏みます（例外はあります）。**恋愛で重要なことは、手紙に書く和歌の良し悪《あ》しです。**当時は和歌の言葉から相手への気持ちを判断するので、和歌の才能は恋の必須条件でした。文通を繰り返し、親の承諾が得られると、男が女の家に訪問します。そして、3日連続で訪問すると、結婚が成立したのです。

平安時代の結婚は、通い婚、同居婚・婿取り婚がありましたが、**現代の戸籍や法律みたいなものはなく、どういう結婚形式をとるかは状況次第**でした。男が複数の妻を持つ場合、正妻とは同居する傾向があり、その他の妻とは別居、通い婚になったようです。通い婚は、男女が別の家に住み、男が妻の家を訪問、夜明け前には帰宅する生活です。女は夫の訪れを待つだけの生活なので、男の訪問がなくなれば自動的に離婚となりました。**『蜻蛉《かげろう》日記』の作者・藤原道《ふじわらのみち》綱母《つなのはは》は、権力者の第二夫人だったため通い婚を強いられましたが、夫の訪問がなくなっていく結婚生活の辛さをリアルに描いています。**平安時代の女の恋は、底なし沼の悲しみを感じさせるものがあります。

恋愛から通い婚まで

テーマ

15 出逢い・恋愛・結婚

重要用語リスト

□ **同居婚**
結婚した男女が新居を構えて同居する結婚形式。正妻との結婚に多くみられた。結婚生活にかかるお金は、妻の父親が負担することが通例だった。

□ **通《かよ》い婚《こん》**
男女が別の家に住み、夕方から夜にかけて男が妻の家に訪問し、夜明け前には帰宅する結婚形式。

□ **婿《むこ》入《い》り婚《こん》**
男が妻の家に住む結婚形式。妻の家に跡取りの男子がいない場合などにみられた。藤原道長と正妻、倫子の結婚が例。

□ **垣間見《かいまみ》**
男がお目あての女性をのぞき見ること。実際は、遠くから髪や後ろ姿を見る程度のもの。

□ **懸想文《けそうぶみ》**
恋文。手紙を季節の草花の枝に結んだ文が多い。

□ 文のやり取り

男女交際の第一歩が文通。手紙の和歌に自分の思いを表し、関係を深めていく。手紙は直接相手に渡すことはせず、仲介者を通してやり取りするのが常識だった。例えば、男が使者を介し、女の女官に手紙を預け、その女官が姫へと届けるということ（女から男へはこの逆）。

□ 後朝《きぬぎぬ》の別れ

男が女の家を訪問し、夜を共に過ごした翌朝の夜明け前の別れ。

□ 後朝《きぬぎぬ》の文《ふみ》

後朝の別れの後、帰宅した男が女に送る和歌付きの手紙。朝早いほうが愛情があると判断されたので、遅くなったり忘れたりすることがあると、離婚になることもあった。

□ 三日夜《みかよ》の餅《もちい》

3日目の夜に男女が餅を食べて結婚の契りを交わす儀式。当時の結婚は3日間連続して通うと、3日目に結婚の儀が行われた。

□ 所顕《ところあらわ》し

三日夜の餅を終えた後に、婿となった男をお披露目する宴。

テーマ

16

月齢と月の異名

古典世界の時間軸を知ろう

古代では、月の周期に合わせた太陰暦《たいいんれき》を使っていましたが、月が地球をまわる周期と季節にズレが起こるので、何年かに一度閏月《うるうづき》を設けて調整していました。閏月がある年は1年が13か月もあったのです。月は暦で使うだけのものではなく、古代の人々にとても愛される存在でした。望月《もちづき》、十六夜月《いざよいのつき》、有明の月など、月の風流な名前で日付を表したり、月を観賞するために宴を開いて詩歌を詠みました。今でも残っている9月15日のお月見は、古代では、陰暦8月15日に行われ、中秋《ちゅうしゅう》の名月を楽しんでいました。ちなみに、関西地方での月見団子の色は、白・黄色・茶色ですが、茶色は月見の宴で供えられた里芋を表すそうです。

また、**電気がない時代に、夜の月明かりは生活をするうえで必要なもので、月が出る時間や明るさによって生活が変化しました。**例えば、結婚生活に関していえば、夫が妻の家へと訪問する時期は、月が明るい満月、陰暦15日頃が多かったのです。**入試古文では、月に関する問題が多く、月の異名や月齢**（新月から数えた月の日数）**はよく出題されるので注意しましょう。**

月齢と月の異名

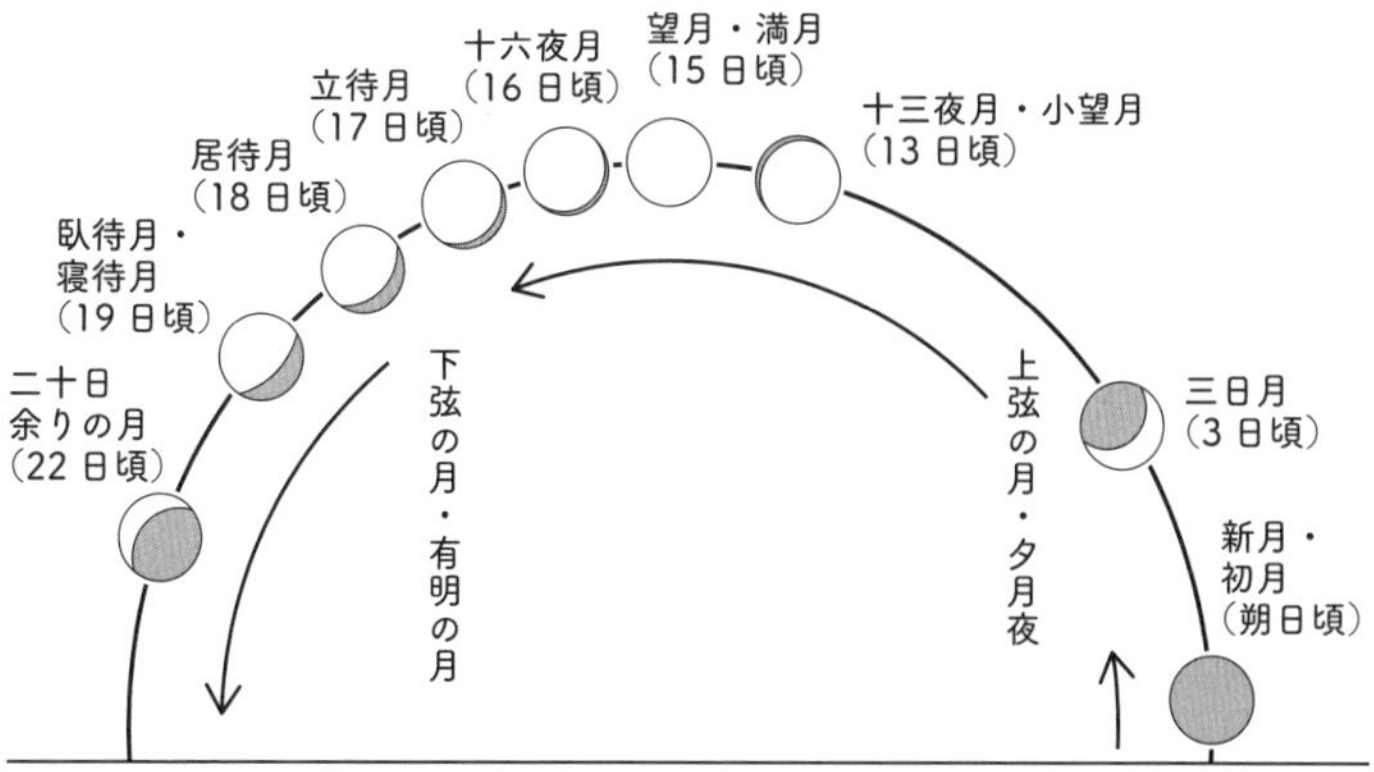

季節	春			夏			秋			冬		
月	1月	2月	3月	4月	5月	6月	7月	8月	9月	10月	11月	12月
異名	睦月《むつき》	如月《きさらぎ》	弥生《やよい》	卯月《うづき》	皐月《さつき》	水無月《みなづき》	文月《ふみづき》	葉月《はづき》	長月《ながつき》	神無月《かんなづき》	霜月《しもつき》	師走《しわす》

テーマ 16

月齢と月の異名

重要用語リスト

◆月齢《げつれい》

□ ①上弦《じょうげん》の月

月の上旬の月。弓に張った弓弦《ゆづる》にたとえて「弓張月」という。昼間に出て夕方には空高く照る月。

□ ②望月《もちづき》

陰暦15日の満月。午後6時頃に出て夜遅くに沈む月。満月以降は、毎日約50分ずつ出るのが遅くなる。

□ ③十六夜月《いざよいの》

陰暦16日の月。月が出るのをためらっているように見えたことから付いた名前。

□ ④立待月《たちまちの》

陰暦17日の月。月が出るのをまだかなと、立ったまま待ったことが由来。

□ ⑤居待月《いまちの》

陰暦18日の月。月が出るのを待ちくたびれて、座りながら待ったことが由来。

□ ⑥寝待月《ねまちのつき》
陰暦19日の月。月がなかなか出ないので、寝床に入って待ったことが由来。

□ ⑦有明《ありあけ》の月
陰暦20日以降の月（下弦の月）。夜明け前に出るので、後朝の別れの時や旅立ちの時に書く和歌によく登場する月。

◆代表的な月の名前

□ ①朧月《おぼろづき》
春の霞がかかったぼやけた月。

□ ②十三夜月
陰暦13日の月。中秋の名月のひと月後の9月13日の月は月見の宴を開いて祝った。

□ ③中秋《ちゅうしゅう》の名月
陰暦8月15日の名月。中秋とは、初秋（7月）中秋（8月）晩秋（9月）の内、秋の真ん中にあたる8月のこと。月見の宴を開いて祝った。

テーマ

17

方位と時刻

十二支で表すいろいろなもの

東西南北の方角や時刻は、十二支《じゅうにし》「子《ね》・丑《うし》・寅《とら》・卯《う》・辰《たつ》・巳《み》・午《うま》・未《ひつじ》・申《さる》・酉《とり》・戌《いぬ》・亥《い》」を使って表現されました。

1日24時間の時刻は、十二支で割り当てて示しました。24時間を十二支で割れば、2時間単位で時間を区切ったことがわかります。例えば、子の刻は、中心時刻24時（午前0時）の前後1時間、23時から午前1時までの2時間、丑の刻は、中心時間が2時（午前）なので、1時から3時までの2時間です。この計算で考えると、午の刻の中心時刻は昼の12時。ここから、「午」の前を午前、「午」の後を午後と呼んだのです。また、それぞれの時刻は、さらに四つに分割して、30分ごとに「一つ」「二つ」「三つ」「四つ」と区切っていました。例えば、お化け話で出てくる「丑三つ時」は、丑の刻、1時から3時を4分割し、丑一つ＝1時～1時30分、丑二つ＝1時30分～2時、丑三つ＝2時～2時30分、丑四つ＝2時30分～3時、となるので、「丑三つ」は午前2時過ぎです。

方位は、左図で示すとおり、北が子の方角、東が卯の方角、南が午の方角、西が酉の方角です。北東は丑と寅の間なので「艮《うしとら》」、南東は辰と巳の間なので「巽《たつみ》」、南西は未と申の間なので「坤《ひつじさる》」、北西は戌と亥の間なので「乾《いぬい》」と名づけました。

方位

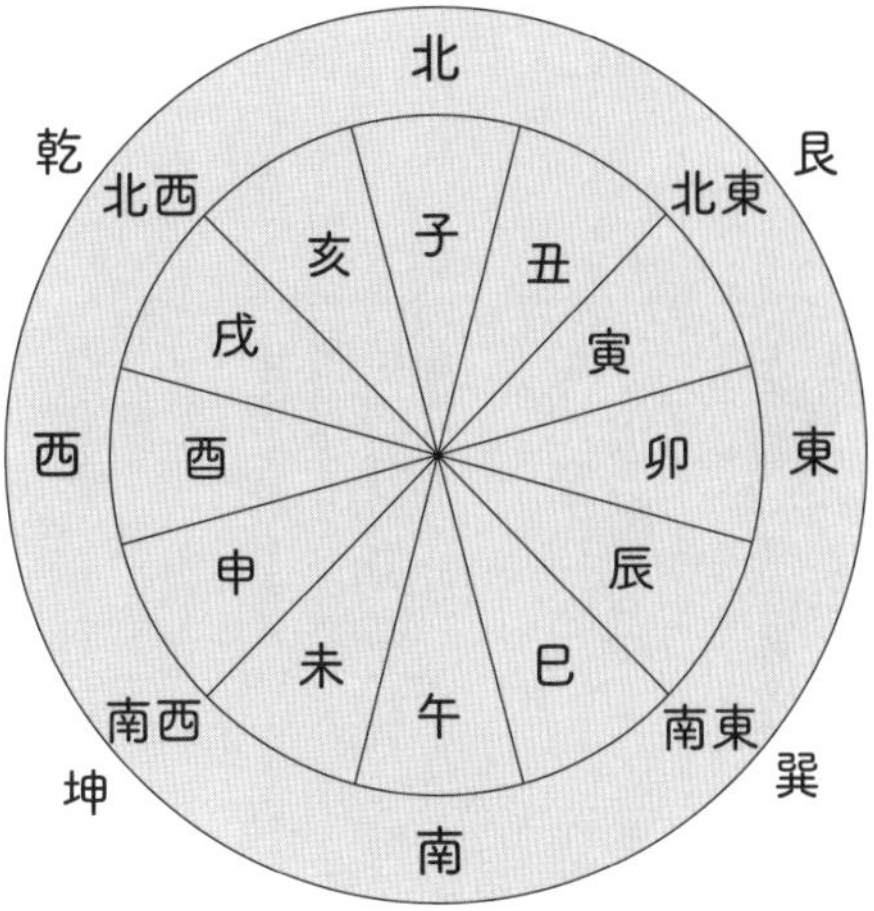
北
乾
北西
艮
北東
子
丑
寅
卯
辰
巳
午
未
申
酉
戌
亥
西
東
南西
坤
南東
巽
南

時刻

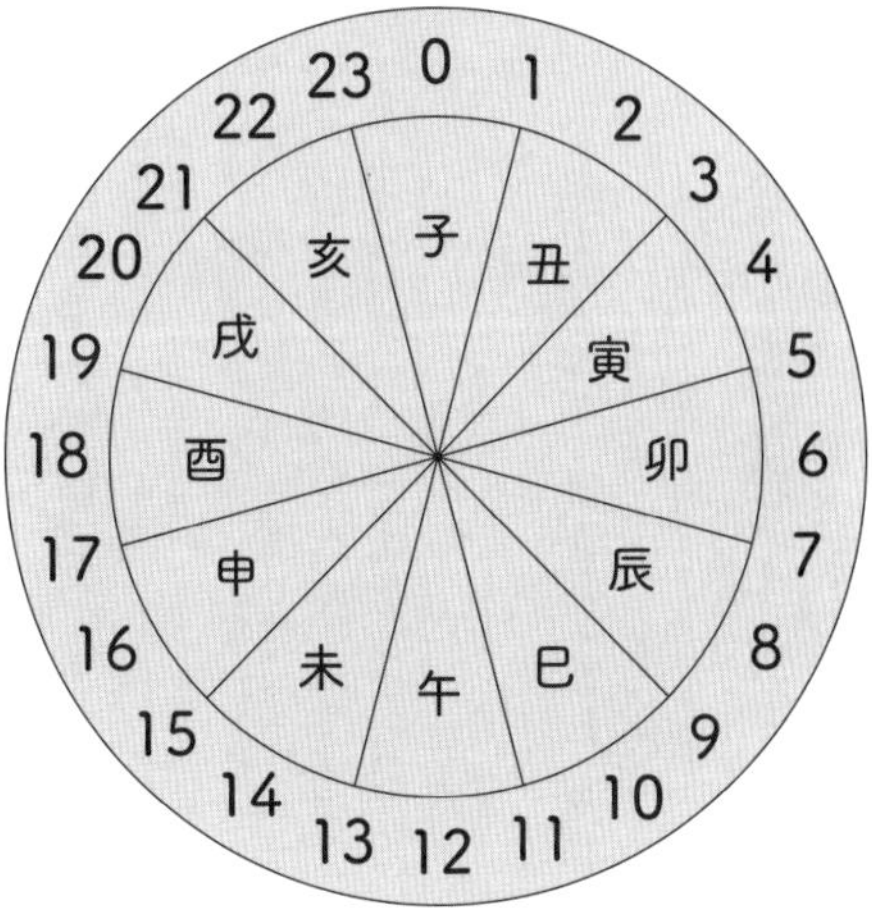
0
1
2
3
4
5
6
7
8
9
10
11
12
13
14
15
16
17
18
19
20
21
22
23
子
丑
寅
卯
辰
巳
午
未
申
酉
戌
亥

テーマ

17

方位と時刻

重要用語リスト

□ 十干《じっかん》

「甲」「乙」「丙」「丁」など日を10日ごとにまとめて数えるための呼び名。十干に陰陽と五行（木・火・土・金・水）を当てはめて暦の呼び名とした。

□ 十二支《じゅうにし》

中国で暦を表す12の名前に動物「子《ね》・丑《うし》・寅《とら》・卯《う》・辰《たつ》・巳《み》・午《うま》・未《ひつじ》・申《さる》・酉《とり》・戌《いぬ》・亥《い》」を当てはめたもの。十干と組み合わせて60年で一巡する年を表した。60歳を還暦と呼ぶのは暦が一巡した年齢ということ。「干支《えと》」の本来の語意は、十干十二支の略語だった。

□ 方位

北は「子」、東は「卯」、南は「午」、西は「酉」の方角を指す。北東は「艮《うしとら》」、南東「巽《たつみ》」、南西「坤《ひつじさる》」、北西「乾《いぬい》」。

□ 季節と色

五行説「木・火・土・金・水」によって、季節と色を表した。【季節・色】木＝春・青色、火＝夏・朱色、金＝秋・白色、水＝冬・黒色。「青春」は、五行説で春を表したことから、若い時代を人生の春にたとえた言葉。

□ 四神《しじん》

古代中国の動物の神様。春夏秋冬に配置し、五行説の色から名づけられた。東を青龍、南を朱雀、西を白虎、北を玄武。平安京は四神に守られている。

□ 鬼門《きもん》

北東、「艮」の方角。不吉な方角とされた。裏鬼門は、鬼門の逆の方角、南西「坤」。古代では、鬼門を封じるために、その位置に神社や寺が建てられた。内裏の鬼門には、北野天満宮や比叡山、裏鬼門には石清水八幡宮《いわしみず》がある。

□ 恵方《えほう》

その年の縁起が良いとされた方角。十干十二支の組み合わせで決まる。現代、節分の時に食べる太い巻き寿司を恵方巻といい、吉方（恵方）を向いて食べる習慣がある。

□ 時刻一覧

①子	0時	23時から1時
②丑	2時	1時から3時
③寅	4時	3時から5時
④卯	6時	5時から7時
⑤辰	8時	7時から9時
⑥巳	10時	9時から11時
⑦午	12時	11時から13時
⑧未	14時	13時から15時
⑨申	16時	15時から17時
⑩酉	18時	17時から19時
⑪戌	20時	19時から21時
⑫亥	22時	21時から23時

テーマ

18

年中行事

現代に残る行事や習慣もある

年中行事とは、平安時代の「延喜式」（律令制時代の宮中儀式をまとめた書物）**に書いてある行事を中心に、民間の行事も含む季節の行事**のことです。中世には、これに四季の風物も盛り込んで「歳時記」と呼ばれました。主な行事を挙げると、1月は「元日節会」に始まり、7日に「七草」、春の七草を入れた七草粥《がゆ》は、今でも食べる習慣がありますね。3月は「上巳の祓《はらえ》」、ひな祭の起源とされる行事、4月は「賀茂祭」、5月は「端午の節句」、今では、鯉のぼりを揚げて男子の節句を祝う日、7月は「乞功奠《きっこうでん》」、七夕、9月は「重《ちょう》陽《よう》」、菊の節句、11月は「新嘗祭《にいなめさい》」、12月は「追《つい》儺《な》」（鬼やらい）などです。

「賀茂祭」は、卯月に二つの賀茂神社で催された代表的な祭です。葵を飾ることから「葵祭」と呼ばれました。祭の中心は、朝廷からの勅使が賀茂神社に向かう行列です。「斎院」という天皇の代理で祭式を行う人物（天皇の娘）が勅使となり、皇族や宮中役人など数百人が行列に参加したために、見物客が各地から大勢集まりました。『源氏物語』葵巻の車争いはこの場面です。また、賀茂祭は、男女の出逢いがある集団見合いの日でもありました。

その他、入試でよく出る年中行事を76・77ページで紹介したので、覚えておきましょう。

賀茂祭

追儺

テーマ

18 年中行事

重要用語リスト

□ 四方拝《しほうはい》

天皇が元旦に清涼殿の庭でお祓いをする儀式。1年の平穏無事を祈願する。

□ 白馬《あおうま》の節会《せちえ》

1月7日、天皇が紫宸殿で白馬をみる行事。春の初めの正月に青い馬を見ると邪気払いできるという中国の伝説から行われた行事。青い馬として白馬を用いた。

□ 七草《ななくさ》

1月7日に春の七草を摘む行事。七草粥を食べるようになったのは、室町時代以降と言われている。

□ 曲水《きょくすい》の宴《えん》

3月に宮中清涼殿で行われた宴。庭の小川の水に盃を浮かべて自分の所に流れて来るまでに詩歌を詠む娯楽。後に、皇族や貴族の屋敷でも行われた。

□ 賀茂祭《かもさい》

卯月に賀茂神社で催された祭。古文で「祭」と表記されれば「賀茂祭」を意味する入試必須の祭。「葵祭」は別称。「葵」は「あふひ」と表記したので「逢ふ日」と掛詞。男女のお見合いのきっかけになる祭。

□ **端午《たんご》の節句《せっく》**

5月5日の節句。中国で5月は不吉な月と考えられ、邪気払いをしたのが起源。古代日本では、厄除けのため菖蒲《しょうぶ》を飾る。また、5月5日は賀茂競馬《くらべうま》があることや「菖蒲」の葉が剣に似ていることから、江戸時代から男の子の節句へと変化した。

□ **根合《ねあ》わせ**

水辺で育った菖蒲の根の長さを競う宴。菖蒲は薬草として邪気払いで酒に混ぜて飲むことがあった。葉が剣の形に似ている。

□ **乞巧奠《きっこうでん》**

7月7日の七夕の原形。牽牛《けんぎゅう》と織女《しょくじょ》が、1年に一度天の川を渡り逢瀬を楽しむ中国の伝説が由来。『平家物語』などにみられる。

□ **重陽《ちょうよう》**

9月9日に行われた菊花の宴。中国から伝来した宴。恒久平和を願い、寒い季節に入ることを知らせる行事。宮中紫宸殿に天皇が出向き、菊を愛《め》で、詩歌を詠み、菊酒を賜った。『宇津保物語』吹上・下巻の重陽の場面は有名。

□ **新嘗祭《にいなめさい》**

11月二度目の卯の日、天皇が、新穀を神様に捧げ収穫の感謝の意を表し、新穀を食べる儀式。国家安泰や繁栄を祈る儀式。「新」は新穀、「嘗」は召しあがることを表す。天皇即位後初めての新嘗祭を「大嘗祭《だいじょうさい》」という。

□ **追儺《ついな》**

大晦日、12月30日の夜に行われる行事。悪い鬼を追い払い災いを除く儀式。鬼に扮した人を殿上人が弓や矢で追い払った。現代の節分のこと。

テーマ

19

よく出る京都周辺の名所

旅の目的は娯楽のみではない

私たち現代人にとって旅は娯楽の一つですが、交通手段がない古代では命がけのものでした。近くの寺社詣でや国司として任国へ赴くために、どうしても旅立つ時は、特別な準備があったのです。旅立ちは夜明け前、旅の衣装は狩衣、旅に出る前は、「事忌み」と称してやってはいけない言動がありました。旅は非日常的なものなのです。この点に注目すれば、古文作品に登場する旅の場面には、旅する当事者の深い事情が背後にあるとみていいのです。例えば、『蜻蛉日記』の作者が寺や神社に出かける場面は、夫との不仲が原因であることが多いですし、『とはずがたり』の作者は、都を追われた関係上、旅で訪れた場所を見るたびに都を思い出し感傷に浸ることが多いのです。

古代の旅は、徒歩か牛車などの乗り物で移動しました。遠方への旅は、野宿する場合もあったので、暗い夜は不安で孤独なものだったでしょう。そのような心境で書かれた旅文学は、作者の人生観が他の文学作品よりも色濃くでる傾向があるのです。ということは、**なぜ旅をするのかという作品ごとの背景知識や入試古文によく出る旅の名所の由来を知ることで読解の助けになる**のです。

京都の名所地図

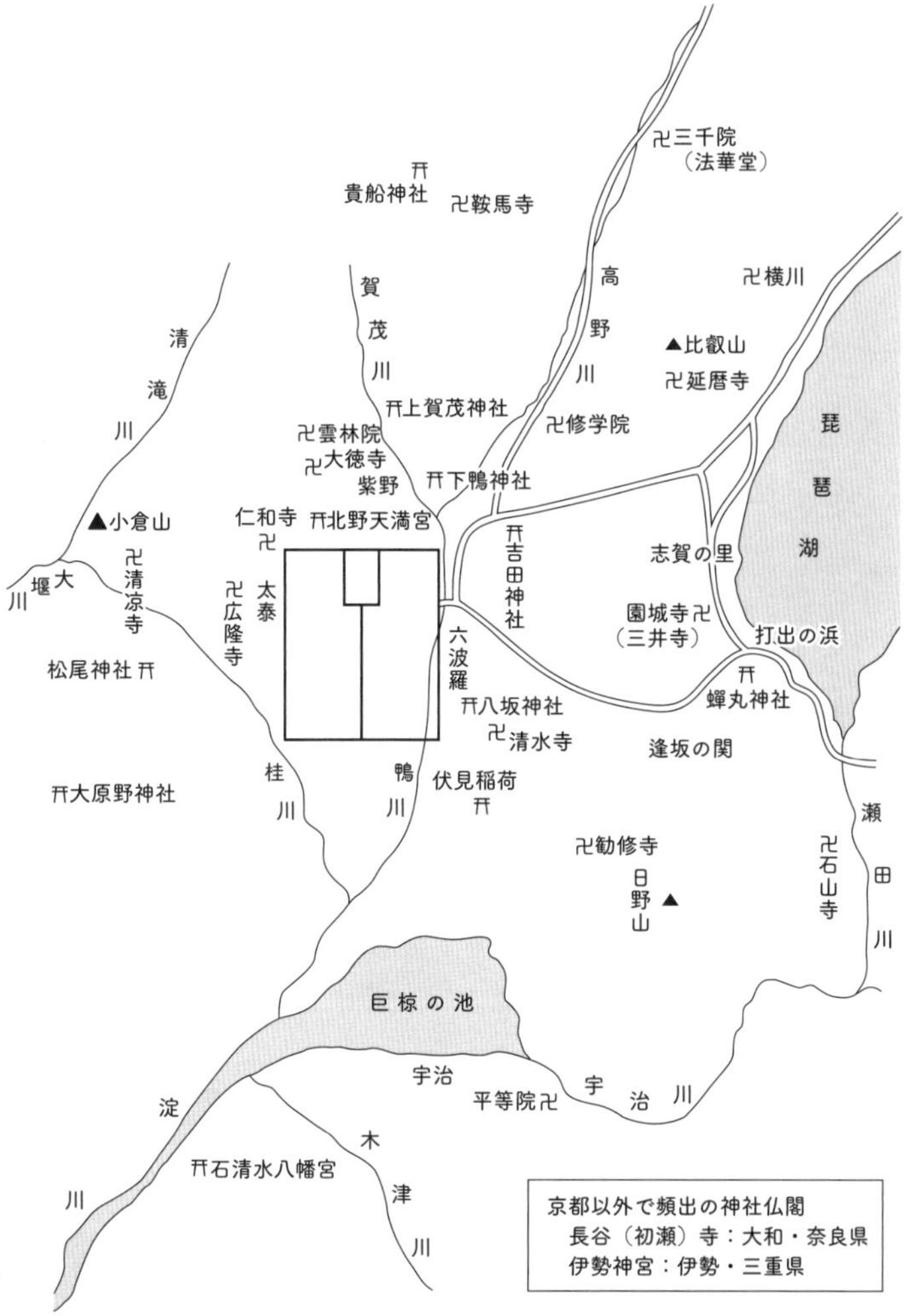

京都以外で頻出の神社仏閣
長谷（初瀬）寺：大和・奈良県
伊勢神宮：伊勢・三重県

テーマ 19

よく出る京都周辺の名所

重要用語リスト

□ **北野天満宮**

内裏《だいり》(うち)の鬼門にある神社。醍醐天皇により罪なき罪を受けた菅原道真の祟りを恐れて村上天皇の時道真の御霊を祀った神社。道真の悲劇は入試頻出なので、第2部の出典解説を参照。

□ **清水寺**

京都市東山区にある真言宗の寺。清水の舞台や音羽の滝は古文に登場する有名な場所。『今昔物語集』巻19、検非違使忠明が清水の舞台から飛び降りた話が一例。

□ **石清水《いわしみず》八幡宮《はちまんぐう》**

現在の京都府の男山にある神社。内裏の裏鬼門にあたり、都の守護神とした。生き物を解き放ち、天皇や天下泰平を祈願する「石清水放生会」が行われる。『徒然草』には、仁和寺の法師が山の麓まで行ったのに、山上に八幡宮があることを知らず帰った話がある。

□ **逢坂の関**

京都に一番近く東国への出入り口にあたる関所。厳格な関所だったことから、出会いや別れを象徴する関所として歌枕(和歌に詠まれる名所)になっている。近くに百人一首で有名な蝉丸の住居があったことが、『とはずがたり』に書かれている。

□ **比叡山**

京都府と滋賀県の境にある天台宗の総本山。比叡山延暦寺を指す。古文では、「山」というだけで「比叡山」を表す。

□ **宇治**

平安京の南東の地方。喜撰法師の歌、「我が庵は都のたつみしかぞすむ世を宇治山と人はいふなり」は「宇治」と「憂し」が掛詞。住み心地がよい場所でないと思われていた。

□ **石山《いしやま》寺**

現在の滋賀県大津市、琵琶湖の南にある寺。古代から観音信仰があり『蜻蛉《かげろう》日記』（藤《ふじ》原道綱母《わらのみちつなのはは》）『更級《さらしな》日記』（菅原孝標女《すがわらのたかすえのむすめ》）の作者たちも参詣した。

□ **長谷《はせ》寺**

奈良県桜井市初瀬《はせ》にある寺。「初瀬寺」とも書く。『源氏物語』『蜻蛉日記』『更級日記』『枕草子』に初瀬詣の記述がある。「いくたびもまゐる心ははつせでら山も誓いも深き谷川」と花山院は称えている。

□ **吉野**

奈良県吉野山の付近一帯。修験道の中心地、南朝の都として歴史的な場所。桜の名所として歌枕にもなる。西行法師の歌は有名。

◆その他のよく出る場所

□ **大宰府**

律令制で筑前に置いた役所。九州地方の行政を司った。大宰府の長官を「帥《そち》」という。菅原道真の配流の地としても有名。

□ **隠岐《おき》**

島根県にある諸島。古代から流刑地とされた。後鳥羽上皇や後醍醐天皇が流された。

テーマ

20

和歌と修辞法

古典を読み解く最重要のカギ

古典作品では、多くの和歌が詠まれますが、どうして古代人は和歌への愛着が強かったのでしょうか。それは、和歌には、神や人の心を動かす神的な力があると信じられていたからです。**和歌は、稲作が始まった弥生時代に、豊作祈願や雨乞いをする歌謡（音楽的な言葉）から生まれたものなので、和歌の言葉には、呪術的な力が宿っていると考えられました。**『古今和歌集』の仮名序には、「天地を動かし、目に見えぬ鬼神をもあはれと思はせ、男女の仲をも和《やわ》らげ、猛《たけ》き武士の心をも慰むるは、歌なり」とあります。現代でも、好きな曲が同じというだけで知らない人と仲良くなることがありますね。このような音楽の力に似ているかもしれません。

現代よりも家柄差別が厳しかった古代社会では、和歌の評価を上げることは、身分に関係なく尊敬され、寵愛を得て立身出世する唯一の効果的手段だったのです。平安時代、凡河内躬恒《おおしこうちのみつね》や壬生忠岑《みぶのただみね》が醍醐天皇に和歌の才能を高く買われ、地下《じげ》にもかかわらず『古今和歌集』の撰者に抜擢されたことが、『大鏡』に描かれています。

和歌がこれだけ重要な意味を持つと、表現方法もより工夫を凝らしたものになりました。和歌の技巧的な表現方法を和歌の修辞法といいます。**修辞法の中でも四大修辞法（掛詞・枕詞・縁語・序詞）は、入試頻出**です。

頻出枕詞一覧

枕詞	かかる言葉	枕詞	かかる言葉
あかねさす	日・昼・紫・照る・君	くれたけの	節《よ》・ふし・世・夜
あきつしま	大和	こもりくの	泊瀬
あさつゆの	消え・命	しきしまの	大和
あしひきの	山・峰・尾の上《へ》	しろたへの	衣・袖・雪・袂《たもと》
あづさゆみ	引く・張る・射る・音・末	そらにみつ	大和
あまざかる	鄙《ひな》・むかふ	たまきはる	命・世
あまとぶや	軽・雁《かり》	たまのをの	長き・短き・絶ゆ
あまのはら	ふりさけ見る・富士	たまくしげ	ふた・箱・身・明く
あらかねの	土・大地	たらちねの	母・親
あらたまの	年・月・日・春	ちはやぶる	神・社・氏・宇治
あをによし	奈良	とぶとりの	飛鳥《あすか》
あをやぎの	糸・かづら	とりがなく	東《あづま》
いそのかみ	古・降る・振る	なつくさの	しげき・ふかく・野
いはばしる	垂水・滝	ひさかたの	天・雨・空・月・雲・光
うつせみの	命・世・人・身・空《むな》し	ふゆごもり	春・張る
う(ぬ)ばたまの	黒・闇・夜・夢・月	むらぎもの	心
おほふねの	頼み・たゆたふ・渡り	もののふの	八十氏川・宇治川・矢田・氏
かみ(む)かぜの	伊勢	ももしきの	宮・大宮
からころも	着る・裁つ・紐・袖・裾	やくもたつ	出雲
くさまくら	旅・むすぶ	やすみしし	わが大君

テーマ

20

和歌と修辞法

重要用語リスト

□ **言《こと》の葉《は》**

和歌のこと。『古今和歌集』序文に紀貫之が「やまと歌は人の心を種として、よろづの言の葉とぞなれりける」と定義している。

□ **返歌の習慣**

もらった和歌に対して当意即妙の歌で返答するのが、古代の貴族の習慣だった。和歌はコミュニケーションの手段でもあり教養の証しと考えられていた。

□ **腰《こし》折《お》れ歌《うた》**

上の句と下の句が調和しないような下手くそな和歌のこと。

□ **連歌**

連作する歌。例えば、Aが上の句（五・七・五）を詠む場合、下の句はAではない人が詠む形式の歌。平安時代は貴族の遊びだったが、中世以降は独立した文学形式になる。「筑波の道」は、連歌の道という意味。

□ **歌合《うたあわせ》**

歌人が左と右の2組に分かれて歌を詠み、勝ち負けを競い合う宴。評価の決定は「判者」と呼ばれる審判員が務めた。

□ 勅撰《ちょくせん》和歌集《わかしゅう》

天皇や院の命令により編纂された和歌集。多くの和歌の中から秀歌を選ぶ権限を持つ人を撰者という。勅撰和歌集に入首することは、歌人にとって名誉であった。

◆和歌の修辞法

□ ①掛詞《かけことば》

ある一つの言葉に二つの意味を込めた同音異義語の表現。現代のシャレに近い言葉。

□ ②枕詞《まくらことば》

ある特定の言葉を導くための決まった修飾語句。5音前後の言葉で訳さないことば。入試頻出の枕詞は暗記が必要。83ページの「頻出枕詞一覧」を参照。

□ ③縁語《えんご》

和歌の内容とは関係ない言葉遊びの技法。言葉と言葉の間に関係性がある言葉。

□ ④序詞《じょことば》

ある特定の言葉を導くための決まった修飾語句。枕詞と同じ修飾語句だが、7音節以上の長い語句。

テーマ

21

古代の宗教(1)仏教

古典世界の価値観を理解しよう

私たち現代人は、法律にのっとって善悪を判断していますが、平安・鎌倉時代では、宗教が人々の価値観を左右していました。この時代の主な宗教は、仏教、神道、陰陽道の三つです。テーマ21では、仏教について説明します。

仏教は、奈良時代に伝来した宗教で、無常観が中心となる考えです。無常とはこの世のすべては滅びる運命、永遠なものはないという意味です。そこから、この世ははかないという人生観＝無常観が生まれました。そもそも仏教は、人生とは、この世(現世)だけでなく、生まれる前の人生(前世)があり、死後のあの世(後世《ごせ》)で新しい人生に生まれ変わるのだ、と教えています。

だから**この世の無常は仕方がない、それよりもあの世で幸福になればよいというのが仏教の教え**なのです。

また、**仏教では、前の人生の行いが次の人生の運命を決定する、因果応報《いんがおうほう》という考えがあります。**つまり、極楽へ行くには、この世で仏道修行を積んで、あの世へ行く準備が要るのです。あの世での幸福をつかむのも至難の業。古代人が、出家を決意し親や妻子と絶縁してまで仏道修行をしたのもこのためなのです。極楽浄土は仏様が住む真の幸福がある世界です。しかし、修行が足りず極楽へ行けない場合は、六道のどこかに生まれ変わり続けます。

極楽と六道

テーマ

21 古代の宗教(1)仏教

重要用語リスト

□ 無常《むじょう》

この世のすべてのものは、一時的でいつか死滅するという考え。ここから、この世の人生ははかないものだという「無常観」に発展する。仏教では、無常なこの世に執着しないで、死後極楽に往生することを目的とした。

□ 三世《さんぜ》

「前世」「現世」「後世《ごせ》」の三世界のこと。今生まれている世界＝現世、現世の前に生まれていた世界＝前世、死後に生まれ変わる世界＝後世、と言う。人間の人生はこの三世界を生まれ変わるものだと仏教では考える。

□ 因果応報《いんがおうほう》

前世・現世・後世の三世は、おのおの独立するのではなく互いに原因と結果の関係になるということ。例えば、前世の行いが悪ければ現世で悪い運命で生まれ、現世の行いが良いと後世で幸福な世界に生まれ変わるという因果関係が繰り返されること。

□ 輪廻《りんね》

三世を生まれ変わっていくこと。「輪廻転生《りんねてんしょう》」とも言う。

□ 六道《ろくどう》

死後、49日目にあの世で生まれ変わる六つの世界。⑴天道 ⑵人道 ⑶修羅《しゅら》道 ⑷畜《ちく》生《しょう》道 ⑸餓鬼《がき》道 ⑹地獄道、のこと。天道は仙人が住む世界、人道は人間が住む世界、修羅道は争いの世界（＝阿修羅）、畜生道は動物の世界、餓鬼道は飢える世界、地獄道は鬼や妖怪となり苦しむ世界。

□ 極楽浄土《ごくらくじょうど》

六道の外にある別世界で、真の幸福がある仏様の世界。極楽浄土へは仏の来迎がないと行けない。また、仏様が蓮の花の上に座したことから、「蓮の上」は極楽浄土を表す。

□ 仏の来迎《らいごう》

死の直後に、仏様が浄土へと迎えに来ること。後光が差し、音楽が流れ、雲に乗った仏様が迎えに来る。来迎を受けた人の口には、蓮の花が挿されている。

□ 中陰《ちゅういん》・中有《ちゅうう》

この世の人生は終了したが、まだあの世で生まれ変わっていない死後49日間のこと。閻魔大王が人生を査定しあの世での道を決定する。

□ 出家

仏門に入り修行に専念するための生活スタイル。俗世との縁、例えば親子関係・夫婦関係・仕事関係などを断ち切り、山などに閑居し修行に励むこと。

□ 宿世《すくせ》

前世からの因縁で引き起こされる運命や宿命のこと。古代は、人知では計り知れないことは、前世の因縁が関係していると考えていた。

テーマ

22

古代の宗教(2)神道・陰陽道

古代人の行動の源を知る

神道とは、日本で生まれた民族宗教で、『日本書紀』と『古事記』の神話に書かれた神様を祀《まつ》る宗教です。自然に宿る神様を崇拝したことが起源だといわれ、後に、神話ができるとともに、自然神の子孫である天皇を崇拝するようになりました。宗教といっても定まった教義はなく、自然を崇め敬い、豊作や子孫繁栄への祈りをみんなが共有して一つになろうとする精神を育てる、文化に近い宗教です。例えば、その代表例が神社で行われる「祭」です。

もともと祭は、神道の神事でした。神輿《みこし》を担ぐ時、大勢の人が「わっしょい」と掛け声を合わせますが、この言葉は、「和を背負《しょ》う」が語源です（諸説あり）。このような祭の行為は、豊作や繁栄を願い、みんなが一つになりたいという団結心から起こる行為といえるでしょう。

陰陽道《おんみょうどう》は、皆さんも知っている占いです。**陰陽道は、古代中国の学問、陰陽五行説に基づいた占いでしたが、しだいに呪術力を持ち始め宗教化していきました。**大内裏《だいだいり（おおうち）》には、陰陽寮《おんみょうりょう》という役所が配備され、宮廷人は占いに従った行動をとるのが義務でした。「物忌《ものいみ》」「方違《かたたが》へ」などの習慣は、入試によく出ています。また、『今昔物語集』の陰陽師、安倍晴明《あべのせいめい》の逸話も有名です。

物忌み・方違え

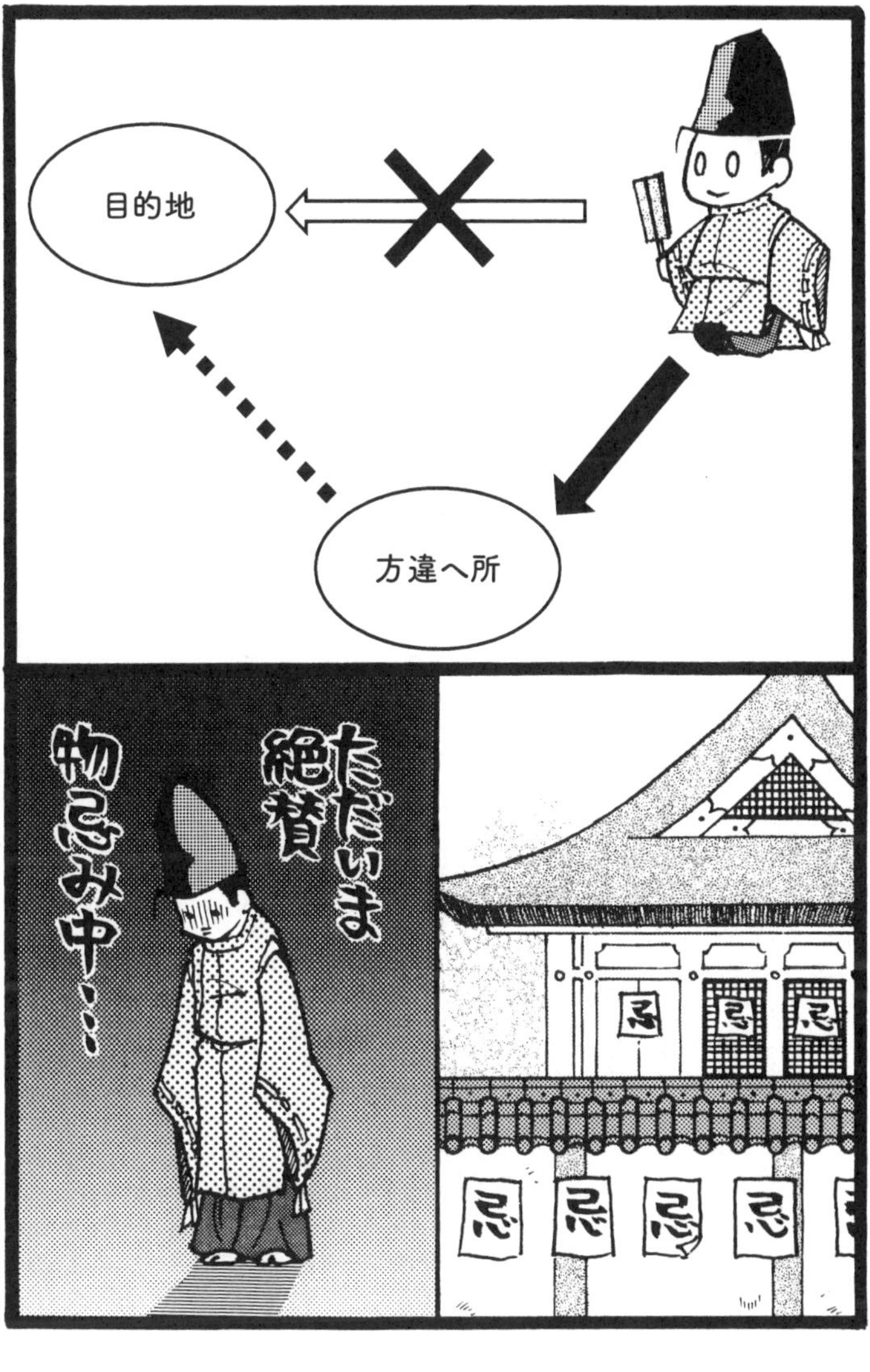

テーマ

22 古代の宗教(2)神道・陰陽道

重要用語リスト

◆神道

□ **島生み**

神話に描かれた伝説。天照大神が地界に国土を創成した行為。この国土が後の日本になる。日本列島という言葉でわかるとおり、「島」とは、小さな陸地ではなく「国」という概念のこと。

□ **天照大神**《あまてらすおおみかみ》

天つ原という天界に存在する太陽の女神。自然の神の最上位の神様。日本を創成し、孫にあたる神を日本の国王として降臨させた。天皇陛下は子孫神。

□ **三種の神器**《さんしゅのじんぎ》

天照大神が、日本に降臨する神（後の天皇）に与えた三つの神聖なもの。(1)八咫《やた》の鏡 (2)八《や》尺瓊《さかに》の勾玉《まがたま》 (3)草薙《くさなぎ》の剣。天皇が皇位の印として継承するもの。藤原摂関時代、花山天皇に譲位を迫るために、粟田殿（道兼）が三種の神器を勝手に持ち出した話（『大鏡』）は入試必須。

□ **祭**

特定の日。例えば春の種まきの日、秋の収穫の日などに、自然の神様に祈りや感謝を捧げるための宗教的な儀式。

□ 斎宮《さいくう》・斎院《さいいん》

神官の最上位にあたり南北朝時代まで続いた。天皇に代わり神社の神事や祀式を取り仕切る。「斎宮」は伊勢神宮、「斎院」は賀茂神社に奉仕する。未婚の内親王が務めた。

◆陰陽道《おんみょうどう》

□ 陰陽

古代中国の思想。自然界を陰と陽に二分し、陰陽が互いに対立し合い万物を形成すると考える思想。陰は山の陰、陽は山の日なたを表す。（例）陰→女・月・水・北など 陽→男・日・火・南など。陰陽と五行説が組み合わさって陰陽道という占いが発生する。

□ 陰陽師

大宝令で大内裏の陰陽寮と大宰府に置かれた高官の役人。陰陽道の方術を使って占いや病気の治療なども行った人。

□ 物忌《ものいみ》

陰陽道で日や方角が悪い時や不吉な夢・穢《けが》れにふれた場合、一定の期間、特定の建物に籠《こ》もって謹慎する行為。印として「物忌」と書いた木の札や草を掛けておく習慣があった。

□ 方違《かたたが》へ

平安時代に始まった陰陽道の風習で、縁起が悪いとされた方角（天一神などがいる方角）を避けるため、別の場所に一泊して、次の日に異なる方角から目的地へと向かう行為。

□ 方塞《かたふた》がり

行こうとする方角が、陰陽道で不吉とされて行けなくなること。「方違へ」（＝方角を変える行動）と似ているので混同しないこと。

第2部

10大頻出出典

今回選んだ10の出典は、本当に入試でよく出ます。
各作品の大まかなイメージをつかんでおきましょう。

頻出出典 1 『大和物語』

「鳥飼院」のお話

宇多天皇が鳥飼院におでになり、
詩歌・管弦のお遊びをした際のこと…
このあたりの遊女たちの中に、声が美しく由緒ある者はいますか?
大江玉淵《おおえのたまぶち》の娘という者が、珍しく参上しておりまーす
私が大江玉淵の娘でございます
いい…!!!
ズギュー

これより歌の題を出すぞ
院の名にちなみ「鳥飼」!!
…そもそも娘というのは本当かな?
?
ぐび
私の知る玉淵は多才な男でな、歌なども実にうまく詠んだ
「鳥飼」の題で見事に詠めたら玉淵の娘と認めよう!!
ヒック
ニコ…
あさみどりかひある春にあひぬればかすみならねどたちのぼりけり
天才か!!?

同席の人々もいい感じに酔っていいたため、皆で泣きまくった
すばらしいよ――
感動したよ――
褒美を取らす!!
あらま
オイお前たちィ!! 着物をぬいでこの娘に与えないような者は
今すぐこの席から立ち去っちまえェ!!!
ウォォォォォォォッ!!

いやー本当に良い歌だったよ！
これ、受け取ってくれ！
…ありがとうございます
この袿《うちき》も!!
狩衣《かりぎぬ》はどうでしょう!?
ええええええ!!?
ずっしり…
ウッ…重…
約3.6m
女は肩にかけきれず、二間ほどの高さに積んでおいたとさ

頻出出典 1 『大和物語』

◉和歌の魅力を語り伝えた歌物語

『大和物語』は平安時代の歌物語、作者は不明です。**一話完結の短編が多く、本文の字数が入試に適しているので、よく出題される**物語です。今回は「鳥飼《とりかい》」という話を紹介します。

亭子《ていじ》の帝といわれた宇多天皇が、別荘の「鳥飼院」で宴を開催した時の話。宴に呼ばれた遊女の中に、大江玉淵《おおえのたまぶち》の娘がいると聞き、天皇がその遊女を見ると美しかったので、近くに召し寄せ、「本当に玉淵の娘だと証明できるような和歌を詠め」と命じました。

遊女とは、「白拍子《しらびょうし》」としても知られていますが、宴会などで、歌を謡い舞を踊って客の相手をする人のことです。当時は、身分が低い女性が就く職業でしたので、宇多天皇が「大江玉淵の娘」と名乗る遊女を疑ったのも当然です。大江玉淵は平安時代の貴族ですが、遊女「白女《しろめ》」を養女にしていました。

天皇の命令で詠んだ玉淵の娘の和歌には、「隠題《かくしだい》」が詠み込まれています。「隠題」とは、和歌の訳には表さず題を隠して詠み込む修辞法です。上の句「あさみどりかひある春にあひぬれば」は、「浅緑色にかすむ生きがいある春にあいましたので」と訳しますが、その中に「とりかひ」という題が隠れています。下の句「かすみならねどたちのぼりけり」は、「春霞ではないですが私も殿上にのぼることができたのでございます」という意味です。和歌に感動した帝が褒美を取らせよと命令すると、集まった褒美の着物が高く積み上げられたのも納得できる歌ですね。

◉本文

★1亭子《ていじ》の帝《みかど》、★2鳥飼院《とりかひのゐん》におはしましにけり。例のごと、★3御遊びあり。「このわたりのうかれめども、あまたまゐりてさぶらふなかに、声おもしろく、よしあるものは侍りや」と問はせたまふに、★4うかれめばらの申すやう、★5「大江《おほえ》の★6玉淵《たまぶち》がむすめといふものなむ、めづらしうまゐりて侍る」と申しければ、見せたまふに、さま★7かたちも清げなりければ、★8あはれがりたまうて、★9うへに召しあげたまふ。「そもそもまことか」など問はせたまふに、鳥飼といふ題を、みな人々によませたまひにけり。おほせたまふやう、「玉淵はいと★10らうありて、歌などよくよみき。この鳥飼といふ題をよく★11つかうまつりたらむにしたがひて、★12まことの子とはおもほさむ」とおほせたまひけり。うけたまひて、すなはち、

あさみどりかひある春にあひぬればかすみならねどたちのぼりけり

とよむ時に、帝、★13ののしりあはれがりたまひて、★14御しほたれたまふ。人々もよく酔ひたるほどにて、酔ひ泣きいとになくす。帝、★15御袿《うちき》ひとかさね、はかまたまふ。「ありとある★16上達部《かんだちめ》、みこたち、四位五位、これに物ぬぎてとらせざらむ者は、座より立ちね」とのたまひければ、かたはしより、上下みな★17かづけたれば、かづきあまりて、★18ふた間ばかり積みてぞおきたりける。

◉現代語訳

宇多天皇が、鳥飼院という別荘にお出かけになった。いつものように、詩歌管絃の宴があった。天皇が「このあたりの遊女たちで、この別荘にたくさん参って控えていますなかに、声がすばらしく奥ゆかしい感じの

者はいますか」とおたずねになったところ、遊女たちが申すには、「大江玉淵の娘という者が、珍しく参上しています」と申し上げたので、天皇がご覧になると、その娘の姿や顔かたちが美しかったので、天皇はしみじみ感動なさって、昇殿させてお側近くに呼び寄せなさった。「いったい玉淵の娘というのはまことか」とおたずねになると、鳥飼という題を与え、すべての人々に歌を詠ませなさった。天皇がおっしゃることには、「玉淵は、たいそう教養があって、歌など上手に詠んだ。この鳥飼という題を上手に詠み申し上げたならば、それによって本当の玉淵の娘と認めよう」と仰せになった。それをお聞きして、女はすぐに、

浅緑色の生きがいのある春にめぐりあったので、霞ではないが、わたくしも春霞が立ちのぼるように、この御殿にのぼることができたのです。

と詠むときに、天皇は声をあげて深く感動なさって、涙をお流しなさる。人々も十分に酔っているときだったので、涙もろくこの上もなく泣いた。天皇は袿ひとかさねと袴をお与えになった。「ここにいるすべての上達部、皇子たち、四位五位の人で、この女に衣服をぬいで与えないような人は、席から立ち去ってしまえ」とおっしゃったので、かたはしからすべての人が、位が上の人も下の人も、皆衣服を与えたので、女はそれらを肩にかけきれず、二間ほどの高さに積んでおいた。

◉重要ワード解説

★1 **亭子《ていじ》の帝**：第59代宇多天皇。光孝天皇の第七皇子。藤原基経との間に政治闘争があり、基経の死後は、菅原道真を重用、天皇の親政を行った。

★2 **鳥飼院**：摂津の国（現在の大阪府）にあった別荘。

★3 **遊び**：「詩歌管絃の宴」

★4 **うかれめ**：宴などで人前に立ち歌舞を披露する人。

★5 **大江玉淵《おおえのたまぶち》**：平安時代中期の貴族。漢詩人、大江朝綱の父親にあたる人物。

★6 **玉淵がむすめ**：大江玉淵の養女となった遊女「白女」。

★7 **かたち**：「容貌」「顔かたち」

★8 **あはれがる**：(1)「しみじみと感慨深く思う」(2)「同情する」※本文は(1)

★9 **うへ**：「殿上の上」

★10 **らうあり**：「物事によく通じている」

解説

★11 **つかうまつる**：「詠む」の謙譲語、「和歌を詠み申し上げる」の意味。

★12 **まことの子とはおもほさむ**：「おもほす」は「思ふ」の尊敬語。この場合は、天皇の会話で用いられているので、天皇が自身に対して敬意を払った発言。

★13 **ののしる**：(1)大声を上げる　(2)動き回る　※本文は(1)

★14 **御しほたる**：「涙を流す」

★15 **袿《うちき》**：女性が着る着物の名称。

★16 **上達部《かんだちめ》**：上流貴族の総称。

★17 **かづく**：「かづく」は四段活用と下二段活用がある。本文は四段活用動詞、「いただく」の意味。

★18 **ふた間**：「柱と柱との間」と「部屋」の二説がある。

★ **隠題《かくしだい》**：和歌の修辞法。和歌の内容とは関係なく事物などの題を読み込む表現方法。

「親の守る人」のお話

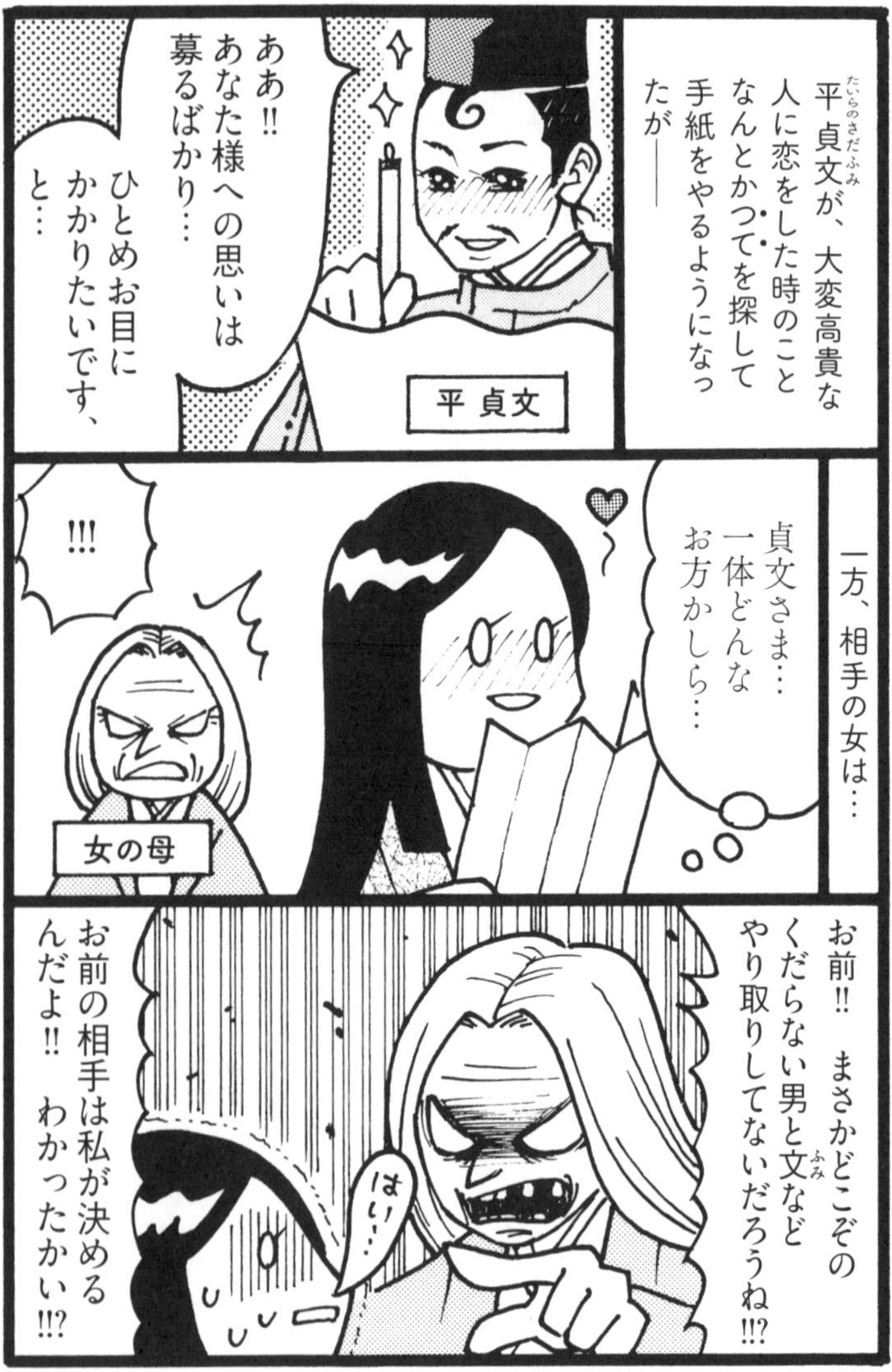
平貞文《たいらのさだふみ》が、大変高貴な人に恋をした時のこと なんとかつてを探して手紙をやるようになったが——

平 貞文
ああ!! あなた様への思いは募るばかり… ひとめお目にかかりたいです、と…

一方、相手の女は…

貞文さま… 一体どんな お方かしら…

!!!

女の母
お前!! まさかどこぞのくだらない男と文《ふみ》などやり取りしてないだろうね!!?

はい…

お前の相手は私が決めるんだよ!! わかったかい!!?

意地の悪い母親に常に監視されており、文通も許されない状況だった
女に仕える女房
お母君がこのようなありさまで…
イヤだッ!! 絶対会うッ!!
女の親族
私に考えがございます
私が母君を引きつけますから、その隙に存分にお喋りなさい!!
お母様～♪ ご一緒にお月見でもいかがです?

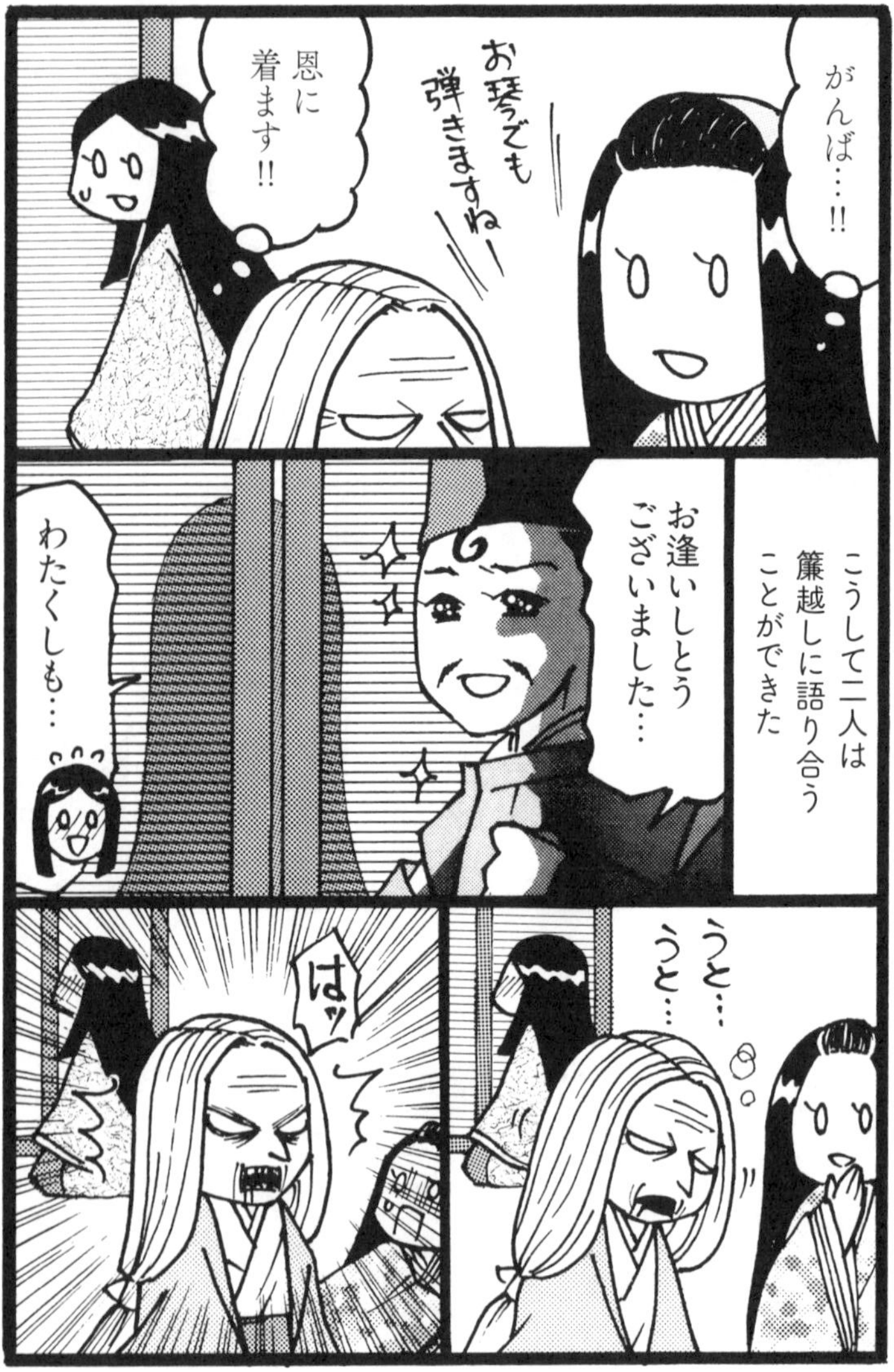
がんば…!!
お琴でも弾きますね
恩に着ます!!
こうして二人は簾越しに語り合うことができた
お逢いしとうございました…
わたくしも…
うと…うと…
はッ

そこに誰かいるのか!!?
!!!
バッサァァァ
……気のせいか
いやーまいったな
ははは よいしょ
結局別れた

◉平中の失恋がおもしろみを増す物語

『平中物語』は、平安時代の歌物語、主人公の「平貞文」、通称「平中」が、数々の女性と繰り広げる失恋談が多い作品です。前述した『大和物語』と同じ歌物語ですので、**短編で一話完結、入試問題にとって本文の文字数がちょうど良い**出典です。今回の話も、ストーリー展開が早い構成になっています。

当時の一般的な男女交際は、男が女に手紙を送ることから始まり、手紙のやり取りを重ねた後、男の訪問を女の側が受け入れることが多いのですが、本文では、女側の家柄の良さもあってか、母親が恐ろしく反対し、二人は逢うことができません。そんなジレンマの中、思わぬ形で助けが入り、親戚の女が母親の気をそらしている間に、二人は逢うことに成功します。しかし、喜びもつかの間、母の恐るべき嗅覚で「男がいる」と嗅ぎ取り、母親が娘の部屋に怒鳴り込んできたので、平中は縁側の下に隠れて難を逃れたという話です。

マンガにはありませんが、本文の最後「**命があればいつか必ず逢える」というせりふから、母親の迫力がどれだけすごかったか想像できますね。**

当時、結婚前の男女のデートは、夕方から夜に男が女の家を訪問し、夜明け前に帰るものですが、明かりがない暗い部屋の中

解説

で過ごすので、相手の顔も見ないまま話をするだけで朝を迎えたようです。結婚前の男女の距離が遠かった古代では、恋愛上手な平中でも、母の反対には勝てなかったわけです。

◉本文

★1この男、また、はかなき★2もののたよりにて、★3雲《くも》居《ゐ》よりもはるかに見ゆる人ありけり。ものいひつくべきたよりなかりければ、いかなるたよりして、★4気色見せむと思ひて、からうして、たよりをたづねて、ものいひはじめてけり。「いかで、一度にても、★5御文ならで、聞えしがな」といふを、いかがは★6あべき、げに、よそにても、いはむことをや聞かましと思ひけるほどに、この女の親の、★7わびしくさがなき朽嫗《くちおな》の、さすがにいとよくものの気色を見て、★8かしがましきものなりければ、かく文通はすと見て、文も通はさず、責め★9守りければ、

この男は、せめて「対面に」といひければ、この女ども、『かかる人の、制したまへば、★10雲居にてだにもえ』などいひ聞かせよとてなむ、迎へる」といひければ、「今まで、などかおのれにはのたまはざりつる。★11人の気色とらぬ先に、月見むとて、母の方に来て、わが琴弾かむ。それにまぎれて、★12簾のもとに呼び寄せて、ものはいへ」とぞ、この、来たる親族たばかりける。さて、この男来て、★13簾のうちにて、ものいひける。この友だちの女「わが徳ぞ」といひければ、「うれしきこと」など、男、女、いひ語らふに、この、母の女のさがなもの、★14宵まどひして寝にけるときこそありけれ、夜ふけければ、目さまして起き上りて、「あな、★15さがな。などて寝られざらむ。もし、あややある」といひければ、この男、★16簀子《すのこ》のうちに、はひ入りて隠れにければ、のぞきて見るに、人もなかりければ、「おいや」などいひてぞ、奥へ入りける。その間に、男、いで来たれば、「よし、これを見たまへ。かかればなむ。命あらば」などいひけるほどに、「あやしくも、いませぬるかな」といへば、男、帰りぬ。

◉現代語訳

この男（平中）は、またたよりない縁によって、手の届かない遠い存在の女だと思う人がいた。恋心を告げようにも手段がなかったので、どんな方法で、思いを知らせようかと思って、ようやくつてを探して、手紙を送り始めた。「なんとかして、一度でいいから、手紙でなく、直接お話し申し上げたい」と男が手紙で訴えたのを、女も、どうしたらよいのか、なるほど男の言うとおり、簾越しにでも、聞いてみようかしらと思案しているうちに、女の親で、ぞっとするほどの意地悪ばあさんが、年の割には勘が良く、口やかましい人だったので、このように文通しているのを察知して、文通もさせず、文句を言って見張っていると、そこへこの男が強引に、「直接お話ししたい」といってくるので、ここの女房たちが女の親族に、「『しかじかの方が禁止なさっているので、たとえ空の果てに行ったところで、逢うことはできない』と、あの男にいい聞かせてくださるようにと思って、お迎えしたのです」というと、「今までどうして私におっしゃらなかったのか。人が気づかぬ先に、月を見ようといって、母の部屋に行って、私が琴を弾きましょう。その間に隠れて、簾のそばに呼び寄せて、お話しなさいよ」と、来てくれた親戚の女は計略をめぐらすのだった。そこで男はやってきて、簾越しに話をした。この親しい友達の女は、「わたくしのおかげよ」というので、「ありがたいこと」などと、男も女も二人で話をしていると、この、性悪女の母親が、宵のうちから眠がって寝ていた間はよかったのだが、夜が更けると、目を覚まして起きて、「ああ、ちくしょう。どうして寝られないのだろう。もしや、なにかわけがあるのだろうか」と言ってきたので、男は、とっさに縁側の下に、入り込んで隠れたので、母親がのぞいてみても、だれもいなかったので、「おやおや」などといって、奥の部屋に入っていった。その間に、男は縁側の下から出てきたので、「ほんとに、このざまをご覧ください。こんなぐあいだから。命があれば、いつか必ず会える」など言うのに対して、女も、「よくまあ、縁の下のような変な所に、いらっしゃったなあ」と言うので、男は帰った。

◉重要ワード解説

★1 **この男（平中）**：平中物語の主人公、「平貞文」の通称。
★2 **もののたより**：「縁」「つて」
★3 **雲居《くもゐ》よりもはるかに見ゆる人**：「雲居」は「空」のこと。この場合、「遠く手の届かないと思われる人」という意味。当時の恋愛は、人を介して手紙を交換したが、仲介人がいない状態を表している。
★4 **気色**：(1)「気持ち」(2)「様子」、などの意味。
※3行目は(1)、9行目は(2)の意味。
★5 **御文ならで、聞えしがな**：「聞え」は「言ふ」の謙譲語。「しがな」は希望の終助詞。「手紙ではなく直接話がしたいなあ」という意味。
★6 **あべき**：「あるべき」の「る」が「ん」と撥音便に変化し無表記化したもの。
★7 **わびしくさがなき朽嫗《くちおな》**：「ひどく意地悪な婆さん」の意味。「朽嫗」は老女をののしった呼び名。
★8 **かしがまし**：「やかましい」「うるさい」
★9 **守《も》る**：「じっと見る」「監視する」
★10 **雲居にてだにもえ**：「母親の手の届かない遠い所でさえも逢うことはできない」という意味。「え」の下が省略されていて、「え…打消」で不可能を表す。
★11 **人の気色とらぬ先に**：「人が気づかない前に」の意味。
★12 **簾《す》**：部屋の内と外を仕切る間の簾。平中を部屋の外に呼んで、女は部屋の内側で対応する状態。
★13 **わが徳ぞ**：「私のおかげよ」という意味。
★14 **宵まどひして寝にける**：「宵のうちから眠くなること」
★15 **さがな**：「ちくしょう」
★16 **簀子のうち**：「縁側の下」

「左大臣時平と菅原道真」のお話

藤原時平《ふじわらのときひら》を
左大臣に、
菅原道真《すがわらのみちざね》を
右大臣とする！
二人とも、私を助け
天下の政治を
執り行ってくれ！
頼んだぞ!!
醍醐《だいご》天皇（15歳）
謹んでお受け
申し上げます
菅原道真（57歳）
藤原時平（28歳）
学者出身の道真さま、
学問に優れるだけでなく、
たいそう思慮深い方で
いらっしゃいました
一方の時平さまはまだ
お若く、学才も劣って
いらっしゃったのですが…

道真
道真
クソッ!! 明らかに道真だけ特別扱いじゃねーか!! こうなったら…
私が大宰府《だざいふ》に?
何かの間違いでは?
やかましい行けったら行けー!!!
道真さまは大宰権師《だざいのごんのそち》に任命…つまりは左遷されてしまったのです!!
ひどく悲しんだ道真さまは、ご自宅の梅の花をご覧になり…
こち吹かば
にほひおこせよ梅の花
あるじなしとて
春を忘るな

その後道真さまは
筑紫《つくし》の太宰府で
お亡くなりになりました
御年59でした
そんな折、
京の都・北野の地では…
一夜にして
松が生えたぞ!!
わさ わさ
なんて
数だ!!
道真さまの魂が移り住まれ
そこが現在の北野天満宮
でございます
霊験《れいげん》あらたかな神として
祀《まつ》られ、多くの天皇も
お出かけになりました

たびたび火事になり、造り直された内裏《だいり》円融院の治世には…
親方ぁ、こっちの板の鉋《かんな》がけ、終わりでーす
よーし、今日はここまでだ、また明日なー
翌朝――
ん？何だ？
何だこの虫食い、昨日はなかったぞ!?
文字に見える…歌…か？
つくるとも またも焼けなむ すがはらや むねのいたまの あはぬかぎりは
すがはら…
道真さま…
ひいいいいい 恐ろしや 恐ろしやー!!
道真公の怨霊だァ!! めちゃくちゃ怒ってるううう
このようなことがあったそうです

◉200年の歴史を語る物語

『大鏡』は平安時代に成立した歴史物語。藤原氏が栄華を極めた200年間の歴史を描いたものです。**この時代は、歴史的に有名な人物のドラマが多くあるため入試頻出の出典です。**本文とマンガには、①左大臣時平の陰謀により菅原道真が配流される話と②その後太宰府で死んだ道真の心霊が起こした怪奇談の二つの話が描かれています。

まず①の話。まだ15歳だった醍醐天皇は、左大臣藤原時平と右大臣菅原道真に政治を任せました。その結果、学才に優れた道真の活躍が目立ち、天皇が道真ばかりを寵愛したために、時平が嫉《ねた》んで仲間と共謀し、道真に無実の罪を着せて流罪にさせたという話です。**自宅を離れる道真が「東風《こち》吹かば…」**(訳)**「春になり東国からの風が吹いたならば、香りを筑紫までよこしておくれ、梅の花よ主なくても春を忘れず咲いてくれ」と、詠んだ歌は有名**です。今でも、天神＝道真公を祀《まつ》る北野天満宮や湯島天満宮では、二月に咲く梅を目当てに多くの花見客が訪れています。

②の話は、罪を晴らせず太宰府で死んだ道真の魂が、神的な力で京都の北野に松を生やした伝説や、祟《たた》りを起こして内裏が火事になったという話です。このような道真の悲劇と死後の霊験譚《れいげんたん》は、当時の人々に大きな衝撃を与えました。内裏の鬼門《きもん》、北東

にある北野天満宮に道真の魂を鎮座させたのは、道真の怒りを鎮めるためだったのです。ここから、道真公を天神雷神・北野の神と呼ぶようになりました。

◉本文

★1この大臣は、基経《もとつね》のおとどの太郎なり。御母、四品《しほん》弾正尹《だんじやうのゐん》人康《さねやす》の親王の御女なり。★2醍醐の帝の御時、この大臣、左大臣の位にて、年いと若くておはします。★3菅原のおとど、右大臣の位にておはします。その折、帝御年いと若くおはします。左右の大臣に、世の政を行ふべきよし宣旨下さしめたまへりしに、その折、左大臣、御年二十八九ばかりなり。右大臣の御年五十七八にやおはしましけむ。ともに世の政をせしめたまひしあひだ、右大臣は★4才《ざえ》世にすぐれめでたくおはしまし、御心おきても、ことのほかにかしこくおはします。左大臣は、御年も若く、★5才もことのほかに劣りたまへるにより、右大臣の御覚えことのほかにおはしましたるに、左大臣やすからず思したるほどに、★6さるべきにやおはしけむ、★7右大臣の御ためによからぬこと出《い》できて、昌泰《しやうたい》四年正月二十五日、★8大宰権帥になしたてまつりて流されたまふ。(中略)

かたがたにいとかなしく思し召して、御前の梅の花を御覧じて、

★9こち吹かばにほひおこせよ梅の花あるじなしとて春をわするな

やがてかしこにてうせたまへる、夜のうちに、この北野にそこらの松をおほしたまひて、わたり住みたまふをこそは、ただいまの★10北野の宮と申して、★11荒人神《あらひとがみ》におはしますめれば、★12おほやけも★13行幸せしめたまふ。いとかしこくあがめたてまつりたまふめり。(中略)

内裏焼けてたびたび造らせたまふに、★14円融院の御時のことなり、工《たくみ》ども、裏板どもを、いとうるはしく鉋《かんな》かきてまかり出でつつ、またの朝にまゐりて見るに、昨日の裏板にもののすすけて見ゆる所のありければ、はしに上りて見るに、夜のうちに、虫の食《は》めるなりけり。その文字は、

★15つくるともまたも焼けなむすがはらやむねの

頻出出典 3 『大鏡』

いたまのあはぬかぎりは
とこそありけれ。それもこの北野[★16]のあそばしたる
とこそは申すめりしか。かくて、この大臣、筑紫
におはしまして、延喜《えんぎ》三年癸亥《みづのとゐ》二月二十五日に
うせたまひしぞかし、御年五十九にて。

◉現代語訳

この大臣（藤原時平）は藤原基経の長男である。母君は、四品弾正尹人康親王の娘である。醍醐天皇の時代に、この大臣、左大臣の位で年がとてもお若くていらっしゃった。菅原の大臣が、右大臣の位でいらっしゃった。その時、天皇はとても若くいらっしゃった。天皇は、この左右の大臣に政治を執り行うべき宣旨をお下しになったが、当時、左大臣は28歳ほどである。右大臣は57歳ほどでいらっしゃっただろうか。二人とも政治をお執りになっていた時に、右大臣は学才がまことに優れていらっしゃり、ご思慮も格別深くていらっしゃった。左大臣は年も若く、学才も右大臣に比べとても劣っていらしたことによって、右大臣への天皇のご寵愛が格別でいらっしゃったので、左大臣は、心穏やかではなくお思いになっている内に、然るべき運命でいらっしゃったのだろうか。右大臣の身によくないことが起こり、昌泰4年正月25日、大宰権帥に任命申し上げて流されなさった。（中略）

道真は、あれこれひどく悲しくお思いになられ、庭の前の梅の花をご覧になって、

「東からの風が吹く頃になったならばその風に乗ってその香りを筑紫まで運んでくれ、梅の花よ。主人がいないといって春を忘れず、咲いてくれよ」

（と詠んだ）…（中略）

道真が、そのまま筑紫でお亡くなりになった夜に、道真の御霊は、この北野にたくさんの松を生やしなさって、筑紫から移り住まれ、そこが、今の北野天満宮と言われていて、道真は霊験あらたかな神であられるようなので、天皇もお出かけになる。とても畏れ多いものとして崇拝申し上げていらっしゃるようだ。（中略）

内裏が炎上して何度か造営なさったが、円融院の時代のことである。大工たちが屋根の裏板をとてもきれいに鉋をかけて退出して、その翌朝に参って見てみると、昨日の裏板にぼんやりと見える所があったので、梯子に上って見ると、一夜のうちに虫が食って文字を残していた。その文字は

「内裏をいくど造りかえても、焼けてしまうだろう。棟の下に張った板の間が、しっくり合わない（無実のわたしの胸の痛みがしっくりいかない）かぎりは」

とあったようだ。それもみな、この北野天神がお詠みになったのだと、人々が申し上げたようだ。このような事情で、この道真は筑紫にいらっしゃいまして、延喜3年2月25日にお亡くなりになったのですよ、御年59で。

◉重要ワード解説

★1 **この大臣**：左大臣藤原時平。藤原基経の長男、29歳で左大臣に任命された。

★2 **醍醐の帝**：第60代醍醐天皇。本文では十五歳。

★3 **菅原のおとど**：右大臣菅原道真。学才に優れた人物で、55歳で右大臣に任命された。

★4 **才**《ざえ》：(1)「学才」 (2)「学識」 ※本文は(1)

★5 **覚え**：(1)「寵愛」 (2)「評判」 ※本文は(1)

★6 **さるべきにや**：「そうなるはずの前世からの運命」

★7 **右大臣の御ためによからぬこと**：時平が道真を嫉《ねた》み、道真が醍醐天皇に代わり斉世《ときよ》親王の即位を計画していると讒言《ざんげん》したこと。結果、道真は流されることになる。

★8 **大宰権帥**《ごんのそち》：大宰府の次官。大臣が左遷された場合、権帥に任じられ政治的な仕事はしない。

★9 和歌 **こち吹かば…**：道真が流された時自宅の庭の前で詠んだ歌。「東風《こち》」は東国から吹く風。「にほひおこせよ」は梅の香りを東風に乗せて筑紫まで運べという主旨。第五句は流布本には「春な忘れそ」とある。

★10 **北野の宮**：京都の北野天満宮。

★11 **荒人神**《あらひとがみ》：霊威あらたかで威力を発揮する神。

★12 **おほやけ**：醍醐天皇。

★13 **行幸**：「天皇のお出かけ」

★14 **円融院の御時**：本文では天元5（982）年内裏の一部が焼失した事件を指す。

★15 和歌 **つくるとも…**：（訳）「内裏を何度造ったとしてもまた焼けてしまうだろう。棟の下に張った板がしっくり合わないように道真の胸の痛みに合ったものでふさがないかぎりは」。「むね」は「棟」と「胸」の掛詞。「いたま」は「板間」と「痛ま」の掛詞。

★16 **北野のあそばしたるところ**：「北野」とは北野天神になった菅原道真のこと。

頻出出典 4 『枕草子』

「宮に初めて出仕した日」の話

そろそろ夜が明ける…
もう限界…早く帰りたい…
なにをそんなにそわそわしているの？
にこ…
葛城《かづらき》の神ももう少しいらっしゃいよ
葛城の神 自身の顔の醜さを恥じ、夜だけ働いたとされる神
…に、たとえられた、夜しか出仕しない私
ひえええ

いや～!!! やっぱり顔を見られるなんて絶対に無理～～!!!
朝でございます!!
女官
御格子《みこうし》(雨戸)をお上げください!!
はーい ただいま
御格子
ちょっ…少納言さん!?
ヒソ ヒソ
だめよ 暗いままにしておきましょうね、少納言
イヤ イヤ
宮さま

中宮様が私にあれこれおたずねになったり、お話しなさるうちに、長い時間がたって…
局に下がりたくなったでしょう
あ、あのぅ
いいわ、もう下がって
…はい
でも
夜になったら早く来てね？
中宮様を一生推そうと心に誓いました
はい!!
ズギューン
尊い…

◉観察眼を発揮するキレる女の文学

平安時代中期に成立した『枕草子』は、清少納言によって書かれた随筆ですが、内容は、**随筆的な要素と、作者の宮中体験を描いた日記的な要素の二つの性格を持っています。入試では、日記的部分がよく出る**ので、今回は清少納言が初めて中宮のもとに出仕した日記的な話を紹介します。

「女房」は、貴族の娘で10代半ばの女性が多く選ばれました。清少納言は28歳頃に初出仕しているので、かなり年配の新人女房です。彼女たちの初仕事については、数々の日記に書かれていますが、どの作品にも高貴な方々の御前で涙が出るほど緊張した姿が描かれています。当時の女性は、顔を見られないように生活しましたが、女房は高貴な人の世話や宴会のサポートが仕事ですから、人前で顔をさらす機会が多いのです。新人には、かなりのプレッシャーがあったでしょう。

マンガの中宮が清少納言に絵を見せて説明する場面もその一例です。明かりが顔に近過ぎて、髪の毛が昼間よりも露骨に見えることを、作者は嫌がりながら絵を見ています。

後半の中宮の発言、「葛城《かづらき》の神」は、顔が醜いために夜しか働かない神のことです。作者が顔を見られないように夜が明ける前に早く部屋に下がりたいと態度に示したの

解説

で、その態度を中宮が「葛城の神」にたとえてからかったのです。作者の顔をけなしたわけではありません。

最後に、女房が雨戸を開けるのを中宮が止めたのも、明るくならないようにと作者を思いやった行為です。

◉本文

★1宮にはじめてまゐりたるころ、物のはづかしき事数知らず、涙も落ちぬべければ、★2夜々まゐりて、三尺の御几帳《みきちやう》のうしろに候ふに、絵など取り出でて見せさせたまふだに、手もさし出づまじう★3わりなし。「これはとあり、かかり。それがかれが」などのたまはす。★5高坏《たかつき》にまゐらせたる★4御殿油なれば、髪の筋なども、なかなか昼よりは★6顕証《けせう》に見えてまばゆけれど、念じて見などす。いとつめたきころなれば、さし出ださせたまへる御手のはつかに見ゆるが、いみじうにほひたる薄紅梅なるは、限りなくめでたしと、見知らぬ★7さとび心ちには、「いかがは。かかる人こそ、世におはしましけれ」と、おどろかるるまでぞ★8まもりまゐらする。

暁には疾く下りなむといそがるる。「★9葛城《かづらき》の神もしばし」など仰せらるるを、「いかで筋かひても御覧ぜむ」とてなほ臥したれば、★10御格子《かうし》もまゐらず。女官まゐりて、「★11これはなたせたまへ」と言ふを、聞きて女房のはなつを、「★12まな」と仰せらるれば、笑ひて帰りぬ。ものなど問はせたまひ、のたまはするに、久しうなりぬれば、「おりまほしうなりにたらむ。はや」とて「夜《よ》さりはとく」と仰せらるる。

◉現代語訳

中宮様の御殿に初めて参上した頃、恥ずかしい事が数え切れず、涙も落ちてしまいそうなので、毎夜参上して、三尺の几帳の後ろに控えていますと、中宮様が絵などを取り出しなさって見せてくださるのさえ、私はその絵に手も出すことができず思いどおりにならない。「この絵はこうこうだああだ、あの絵はこれこれだ」などとおっしゃる。高坏にともし申しあげている御灯火なので、髪の筋なども、かえって昼よりもはっきり見えて恥ずかしいけれど、私は我慢して見たりする。とても寒い頃なので、袖からお出しあそばす中宮様の御手がちらっと見えるのが、たいへん肌艶良く色づいていて薄紅梅色であるのは、このうえもなくすばらしいと、宮中を知らない無教養な私の心の中では、「どうして。こんな方が、世の中にいらっしゃったのか」と、はっとした気持ちになるまで、見つめ申しあげる。

暁には、早く部屋に下がろうなどとつい急いでしまう。中宮様が、「葛城の神だって、もうちょっといなさい」などとおっしゃるので、「どうして斜めからでもご覧に入れようか（いやご覧に入れまい）」と思って、ずっとうつ伏しているので、部屋の雨戸もお上げしない。女官が参上して「これをお上げになってください」というのを、女房が聞いて上げるのを、「そんなことするな」と中宮様が仰せになるので、女官は笑って帰っていった。中宮様がなにかとおたずねになったり、お話しになったりするうちに、長い時間がたってしまったので、中宮様は、「部屋に下がりたくなったのだろう。それでは、早くお下がりなさい」といって、「夜になったら早く参上しなさい」とおっしゃる。

◉重要ワード解説

★**清少納言**：平安時代中期の文学者、『枕草子』の作者。父親は梨壺の五人（『後撰集』の撰者）の内の一人、清原元輔。中宮定子に仕えた女官。

★**中宮定子**《ちゅうぐうていし》：関白、藤原道隆の子。一条天皇に入《じゅ》内《だい》して中宮に即位、後に皇后になる。兄は藤原伊《これ》周《ちか》。

★**女房と女官**：「女房」は宮家や貴族に仕える女官。それに対して、「女官」は下級女官のこと。

★1 **宮**：「中宮の御殿」のこと。中宮定子は「登華

解説

殿」にいた後、「職御曹司」に移り住んだ。

★2 **夜々まゐりて**：女房の仕事は通常夜勤である。昼間は部屋に下がっている。

★3 **わりなし**：「理不尽だ」「都合が悪い」

★4 **御殿油**：「大殿油《おおとなぶら》」と同じ。油を用いた灯火。

★5 **なかなか**：「かえって」

★6 **顕証なり**：「際立っている」「はっきりしている」

★7 **さとび心ち**：動詞「里ぶ」と「心ち」の複合語。「里ぶ」は「田舎じみる」の意味、「雅ぶ」の対義語。「田舎じみた気持ち」

★8 **まもる**：「じっと見る」「見つめる」

★9 **筋かひ**：「斜めの角度から」

★10 **御格子もまゐらず**：「雨戸も開けない」という意味。「格子」は「雨戸」のこと。

★11 **これはなたせたまへ**：「これ」は「格子」を指す言葉。「雨戸を開けてください」という意味。

★12 **まな**：禁止の副詞。下を省いた形で感動詞的に用いられる。「やめなさい」という意味。

頻出出典 5 『紫式部日記』

「日本紀の御局」のお話

左衛門《さいもん》の内侍《ないし》という人に嫌われているらしく、根も葉もない陰口がたくさん聞こえてきました…
ギリィ…
!?
左衛門の内侍
紫式部《むらさきしきぶ》
というのも、『源氏物語』帝《みかど》がご鑑賞中に
!!
この作者は『日本書紀』まで読んでいるね!!
すごい!!
紫式部さんたら自分の学才ひけらかしすぎ!!
もうあだ名を「日本紀の御局さん」にしちゃいましょ!!
ベラ
ベラ
ベラ
ベラ
はあ?
私が学才をひけらかす!?
そんなわけないでしょう!?

というのも、まだ子どもだった頃…
うへぇ…
漢文むずかしい〜
弟・惟規《のぶのり》
まだ覚えていないの？学而時習之《まなびてときにこれをならう》、不亦説乎《またよろこばしからずや》。
漢籍が読めるのか…この子が男の子だったらなあ…
教育熱心だった親はいつも嘆いていましたそれなのに…
やたらと利口ぶる女ってイヤよねー
クスクス
わかる!!
あ、でもさー勉強できるのを必死でアピってる男もヤバくない!?
出世とか絶対ムリそう!!
キャ
それなー
キャ
うわ怖…
この一件以来、人前では「一」という文字さえ書かないありさまです…
とほほ…

頻出出典 5 『紫式部日記』

それが一体どうしてこんなことに…
よっ!! 日本紀の御局!!
インテリ!!
式部
『白氏文集《はくしもんじゅう》』読んでくれる?
中宮彰子《しょうし》
宮様!! なりません!!
いいじゃなあい
漢詩のこと教えて?
ニコ
うう… 誰もいない時なら…
仕方なく、『楽府《がふ》』という本を、人目を忍んでお教え申し上げています…
彰子!!
土産だ!!!
藤原道長

お父様！まあ、漢籍がこんなに…
お前のために書家に書かせた!!
また式部に読んでもらわなくっちゃ♪
おっ、やってるねえ
帝!!
バレてる
私たちのこの密かな会合を、左衛門の内侍は知らないでしょう
ぶえっくし!!
もしあの人が知ったら…どんなにか悪口を言うでしょうかね
ああまったく、世の中ってツライ!!

頻出出典5 『紫式部日記』

◉時代を生きる才女の心を垣間見る日記

『紫式部日記』は、作者紫式部が中宮彰子に仕えた体験や人生の回想を描いた平安時代の作品です。**当時の宮廷生活や貴族の女性の半生がリアルに描かれているため、古典の基礎知識を問う入試によく出る**出典です。

本文とマンガは、「日本紀の御局」の一節。作者、紫式部が女でも漢文が読めることを、天皇が褒めたところ、ある女官が妬《ねた》み、作者に「日本紀の御局」とあだ名を付けて言い広めた場面です。

当時は、男は漢字、女は平仮名を読み書きする習慣がありました。それを守らないと不吉なことが起こる、なんて思い込んでいたのです。子どもの時からずば抜けた学力を持つ作者が、弟(兄という説もあり)よりも早く漢文が読めたことに対して、父親が「男の子に生まれなかったことが不幸だ」と発言したのも、この平安時代の文字への感覚が反映されているのです。平安時代を生きる女性にとっては、「頭がいい」と褒められるようなことでも、人より目立つことは、他人の注目を集めると同時に批判の的になる恐れもあったわけです。

特に、絢爛《けんらん》豪華な宮廷世界では、寵愛《ちょうあい》をめぐる争いが絶えなかったので、紫式部への嫉妬は相当なものだったでしょう。本文の後半に、中宮彰子が紫式部に漢詩を教えてほしいと頼んだり、父の道長や天皇が彰子に漢籍を与えて楽しむ様子が描かれています。これは、**「中宮様と同じことを私が楽しんでなにが悪い」という作者の皮肉ととれますね。**宮廷で生きる紫式部の孤軍奮闘ぶりがうかがえます。

◉本文

★1左衛門《さいも》の内侍《ないし》といふ人はべり。あやしうすずろによからず思ひけるも、★2え知りはべらぬ、心うき★3しりうごとの、おほう聞こえはべりし。

うちのうへの、源氏の物語人に読ませたまひつつ聞こしめしけるに、「この人は★4日本紀をこそ読みたまふべけれ。まことに★5才あるべし」と、のたまはせけるを、ふと推しはかりに、「いみじうなむ才がるある」と、殿上人などにいひちらして、日本紀の御局とぞつけたりける、いとをかしくぞはべる。このふる里の女の前にてだに、★6つつみはべるものを、★7さるところにて★8才さかしいではべらむよ。

この★9式部《しきぶ》の丞《じょう》といふ人の、童にて★10書読みはべりし時、聞きならひつつ、かの人はおそう読みとり、忘るるところをも、★11あやしきまでぞさとくはべりしかば、書に心入れたる★12親は、「★13口惜しう、男子にて持たらぬこそ幸ひなかりけれ」とぞ、つねになげかれはべりし。

それを、「男だに★14才がりぬる人は、いかにぞや、はなやかならずのみはべるめるよ」と、やうやう人のいふも聞きとめて後、一といふ文字をだに書きわたしはべらず、いとてづつに、★15あさましくはべり。読みし書などいひけむもの、目にもとどめずなりてはべりしに、いよいよ、かかること聞きはべりしかば、いかに人も伝へ聞きてにくむらむと、はづかしさに、御屏風の上に書きたることをだに読まぬ顔をしはべりしを、宮の、御前にて、★16文集《もんじふ》のところどころ読ませたまひなどして、★17さるさまのこと知ろしめさまほしげにおぼいたりしかば、いとしのびて、人のさぶらはぬもののひまひまに、をととしの夏ごろより、★18楽府《がふ》といふ書二巻をぞ、しどけなくかう教へたてきこえさせてはべるも、隠しはべり。宮もしのびさせたまひしかど、殿もうちもけしきを知らせたまひて、御書どもをめでたう書かせたまひてぞ、殿はたてまつらせたまふ。★19まことにかう読ませたまひなどすること、はた、かのものいひの内侍は、え聞かざるべし。知りたらば、いかにそしりはべらむものと、すべて世の中ことわざしげく憂きものにはべりけり。

◉現代語訳

左衛門の内侍という人がいます。この人が私を、妙にわけもなく悪く思っていたのも、私は知ることができず、不愉快な陰口がたくさん耳に入ってきました。一条天皇が、源氏の物語を人に読ませなさって、お聞きになっていたときに、「この人（物語の作者）は日本紀をお読みになるようだ。本当に学識があるのだろう」とおっしゃったのを、この内侍が軽々しい想像をして、「とても学識をひけらかしている」と殿上人などにいいふらして、私に「日本紀の御局」とあだ名を付けたことは、ほんとに笑止千万なことです。自分の実家の侍女たちの前でさえ漢籍を読むことを慎んでいましたのに、こんな宮中で、どうして学力をさらけ出すでしょうか。

私の兄弟の式部の丞という人が、まだ子どもの頃に漢籍を読んでいました時、私はそばで聞きながら学び、弟が理解するのに手間どったり、忘れるところも、私は不思議なほど早く理解しましたので、学問に熱心な父親は、「残念なことに、この娘が男の子でなかったのは、不幸なことだ」と、いつも嘆いていました。それなのに、「男でさえ学才をひけらかす人は、どんなにか、出世などはしないようですよ」と、しだいに人がいうのを耳にしてからは、一という漢字でさえ書いたりしません、とても無学であきれるほどです。昔、読んだ漢籍などというものは、目にもとめなくなりましたのに、ましてこんなあだ名を聞きましたので、どんなに人も噂を聞いて私を憎むだろうかと、恥ずかしいので、屏風の上に書いてある文字さえ読まないふりをしていましたところ、中宮様が目の前で『白氏文集』のところどころを読ませなさって、漢詩文のことを知りたいとお思いになられたので、とても人目を避けて、誰もそばにいません合間に、一昨年の夏頃から、『楽府』という本二巻を、大雑把に教え申し上げていますことも、隠しています。中宮様もお隠しなさっていましたが、道長様も天皇も様子に気づかれて、漢籍などを立派に書家に書かせなさり、道長様はさしあげなさいます。本当にこうして中宮様が私に漢籍をお読ませになったりしていることまでは、さすがにあの口うるさい内侍も聞きつけることはできないでしょう。もし知ったならば、どんなに悪口をいうだろうかと思うと、何事につけても世の中は煩わしく辛いものです。

◉重要ワード解説

★**紫式部**：平安時代の文学者。『源氏物語』の作者。藤原道長の娘、中宮彰子に仕えた宮廷女官。

★**帝**：第66代一条天皇。円融天皇の第一皇子、母は藤原兼家の娘・東三条院詮子。中宮彰子の夫。

★1 **左衛門《さいも》の内侍《ないし》**：橘隆子。「内侍」とは、天皇の秘書的な女官。以前に中宮付きも兼ねていた女官。

★2 **え…ず**：「え」副詞の下に打消語があると不可能「…できない」の意味。

★3 **しりうごと**：「陰口」

★4 **日本紀**：『日本書紀』の古称、または日本書紀以降の漢書。

★5 **才《ざえ》**：「文学に関する才能や学識」

★6 **つつむ**：「遠慮する」

★7 **さるところ**：宮中のような公的な場所。

★8 **才さかしいで**：「才能をひけらかす」

★9 **式部《しきぶ》の丞《じょう》**：紫式部の弟（又は兄）にあたる藤原惟規《のぶのり》。

★10 **書《ふみ》**：(1)「文字」(2)「手紙」(3)「漢詩文」(4)「書物・漢籍」※本文は(3)

★11 **親**：紫式部の父親、藤原為時。菅原文時を師とした文学者で、漢籍を読むことに熱心だった。

★12 **あやし**：(1)「奇妙だ」(2)「不思議だ」(3)「粗末だ」(4)「卑しい」※本文は(2)

★13 **口惜し**：(1)「残念だ」(2)「不本意だ」(3)「情けない」※本文は(1)

★14 **才がりぬる人**：学問を人前でひけらかす人物。

★15 **あさまし**：「おどろくほどあきれることだ」

★16 **文集**：『白氏文集《はくしもんじゅう》』。唐代の詩人、白居易《はくきょい》の詩文集。平安時代に日本で流行した。

★17 **さるさまのこと知ろしめさまほしげに**：「さるさま」とは漢詩文の方面のこと。中宮が漢詩文のことを知りたがっている様子。

★18 **楽府《がふ》**：音楽に合わせて謡う漢詩。白居易の「新《しん》楽府《がふ》」をさす。

★19 **かのものいひの内侍**：口うるさい左衛門の内侍。

「須磨」のお話

源氏の君が須磨で謹慎中…!?
妻
娘
明石の入道《あかし　にゅうどう》
うちの娘を妻にしていただくチャンスでは!?
ばかなことを…
何!!?
源氏の君といえば尊い身分の奥方様を大勢お持ちになっていらっしゃって
それでも足りずに帝のご夫人とまでまちがいをなさって世間を騒がせたとか…
朧月夜《おぼろづくよ》
（帝の寵愛を受ける）
ギャー!!!
お、父様!!!
ぎゃ!
右大臣
（政敵）

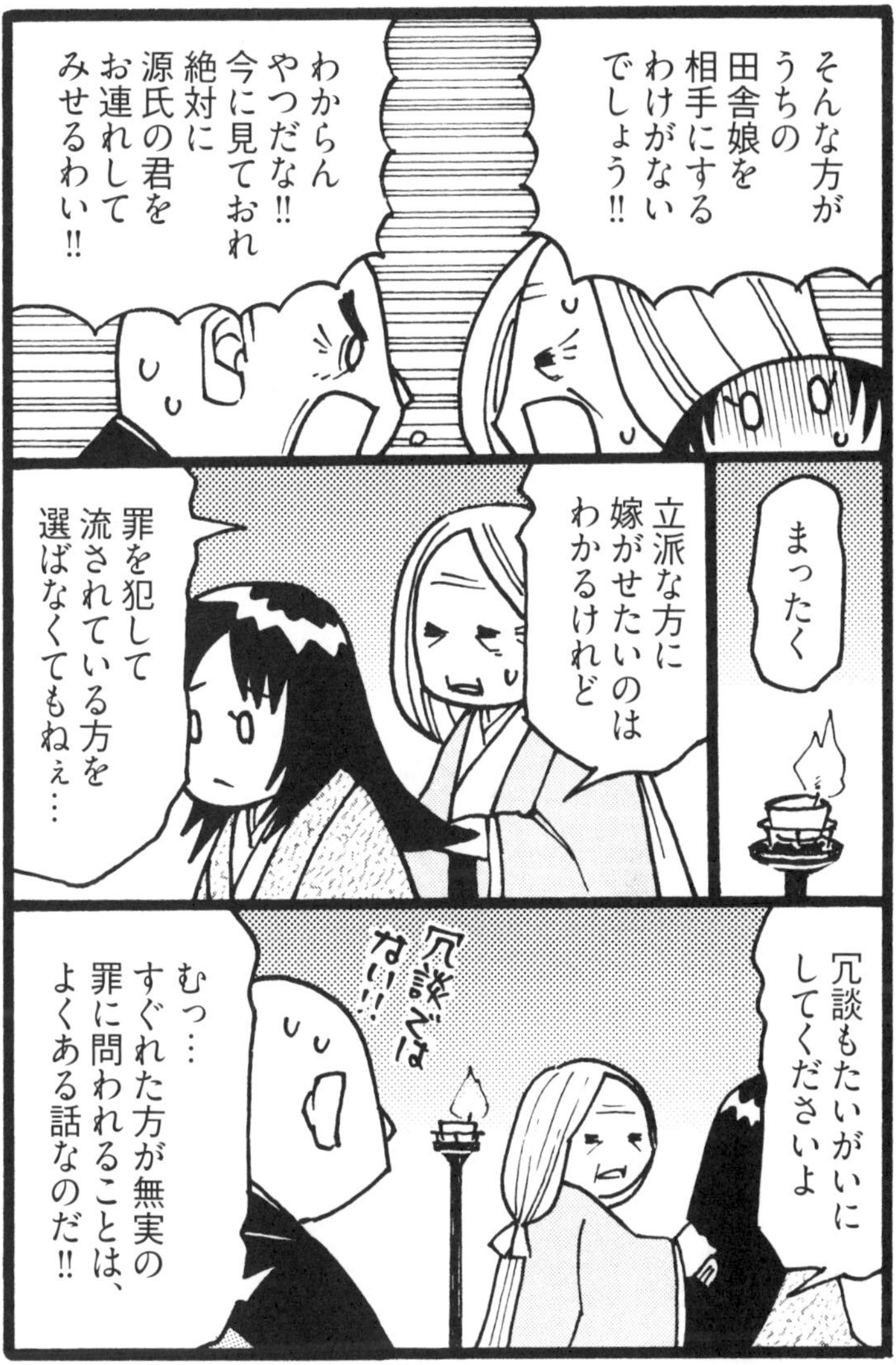
そんな方が うちの 田舎娘を 相手にする わけがない でしょう!!
わからん やつだな!! 今に見ておれ 絶対に 源氏の君を お連れして みせるわい!!
まったく
立派な方に 嫁がせたいのは わかるけれど
罪を犯して 流されている方を 選ばなくてもねぇ…
冗談もたいがいに してくださいよ
冗談ではない!!
むっ… すぐれた方が無実の 罪に問われることは、 よくある話なのだ!!

そもそも源氏の君とはどういうお方か!?
聞きなさい
源氏の君の母君は私の叔父であられた按察大納言《あぜちのだいなごん》の娘でな…
まことにすばらしい方だという評判が高く、先帝にお仕えすることになったが…
先帝（桐壺帝《きりつぼてい》）
桐壺更衣《きりつぼのこうい》
なによたかが更衣の分際で…
目障りな女…

通り道に汚物
廊下に締め出し
あけてー!!!
人々の妬みを受け続けた心労がたたり、遂には亡くなってしまったのだ…
その母君が残しなさった一粒種が源氏の君よ!!
田舎者だからといって娘をお見捨てにはならないはず!!
逃がさんぞ玉の輿!!!

◉平安時代の貴族社会を丸ごと描いた長編物語

『源氏物語』は、紫式部によって描かれた平安時代を代表する作り物語です。入試頻出のこの作品の中から、今回は「須磨」の巻を取り上げました。**「須磨」の巻は、光源氏が都の政界から退き、須磨の浦に行き着いた時の話です。**

本文とマンガは、須磨に来た源氏の噂を聞きつけた土地の豪族、明石の入道が娘を嫁がせたいと妻に語る場面です。明石の入道は、娘と源氏の結婚を自分の野心を満たす絶好の機会と考えましたが、妻（母君）は、源氏に多くの妻がいることや、朱雀《すざく》天皇の妻との不倫が原因で須磨に来たような人物が、田舎の娘と結婚するはずがないと心配したため、結婚に反対します。

二人の口論の中で、光源氏の生い立ちが描かれています。源氏の生い立ちは、物語を理解するうえで重要なので解説しておきましょう。源氏は、桐《きり》壺《つぼ》帝の第二夫人、桐壺の更衣《こうい》が産んだ皇子ですが、幼い時に母を亡くします。母更衣は、帝の寵愛を独占したことで正妻の弘徽殿《こきでん》の女御《にょうご》の嫉妬を買い、それが原因で心労の末、死んでしまうのです。母の死後、子どもの源氏は宮廷から出され、貴族の養子になります。皇子にもかかわらず、即位もできず、大臣にもなれない運命を源氏は背負うのです。遠い親戚にあたる明石の入道は、源氏の事情を知っていたので、なおさら源氏と娘との結婚を運命的な機会だと考えたのでしょう。**悲劇の主人公源氏が、母に似た女性を求めて恋愛劇を繰り広げるのが『源氏物語』の面白さ**なのです。

◉本文

入道「★1桐壺更衣《きりつぼのかうい》の御腹の、源氏の光る君こそ、★2朝廷《おほやけ》の御かしこまりにて、★3須磨の浦にものしたまふなれ。★4吾子《あこ》の★5御宿世にて、おぼえぬことのあるなり。いかでかかるついでに、この君に奉らむ」といふ。母、「★6あなかたはや。京の人の語るを聞けば、★7やむごとなき御妻ども、いと多く持ちたまひて、そのあまり、忍び忍び★8帝の御妻をさへ過ちたまひて、かくも騒がれたまふなる人は、まさにかくあやしき★9山がつを、心とどめたまひてむや」と言ふ。腹立ちて、「★10え知りたまはじ。思ふ心ことなり。★11さる心をしたまへ。★12ついでして、ここにもおはしまさせむ」と、心をやりて言ふも、かたくなしく見ゆ。まばゆきまでしつらひ、★13かしづきけり。母君、「などか、めでたくとも、★14ものの初めに、罪に当たりて流されておはしたらむ人をしも思ひかけむ。さても、心をとどめたまふべくはこそあらめ、戯れにてもあるまじきことなり」と言ふを、いといたくつぶやく。「罪に当たることは、★15唐土《もろこし》にもわが朝廷にも、かく世にすぐれ、何ごとも人にことになりぬる人の必ずあることなり。いかにものしたまふ君ぞ。★16故母御息所《みやすどころ》は、おのがをぢにものしたまひし★16按察大納言《あぜちのだいなごん》のむすめなり。いと★17警策《かうざく》なる名をとりて、宮仕に出だしたまへりしに、★18国王すぐれて時めかしたまふこと並びなかりけるほどに、人のそねみ重くて亡せたまひにしかど、この君のとまりたまへる、いとめでたしかし。女は心高くつかふべきものなり。おのれ、かかる田舎人なりとて、思し捨てじ」など言ひゐたり。

◉現代語訳

入道、「桐壺更衣の実の子の、源氏の光る君が、謹慎の身で朝廷から須磨の浦にいらっしゃるそうだ。わが子のご宿縁で、考えられないほど意外なことがあるのだ。なんとかしてこんな機会に、娘を源氏の君にさしあげよう」と言う。母君は、「まあ、ばかなことを。都の人が話すのを聞くと、高貴な奥方をとても大勢お持ちになっていて、それでもたらずに、こっそりと帝の御夫人とまでもまちがいを犯しなさって、これほど世間で騒がれなさるような人が、どうしてこんな卑しい田舎者をお心におとめになるはずがあろうか」と言う。入道は腹を立てて、「私の言うことをおわかりになることはできないだろう。あなたとは考えが違うのだ。源氏に娘をあげる心の準備をしなされ。機会をつくって、ここへもお連れ申そう」と、得意気に言うのも、固い決意と見える。まぶしいほどに部屋の準備をととのえて、娘を大事にしていた。母君は、「どうして、たとえ立派な方だとしても、最初から、罪を作って流されていらっしゃったとかいう人に望みをかけるのだろうか。かりにそうだとしても、心をおとめくださるようなことがあるならいいのですが、冗談としても、あるはずないことだ」と言うので、入道はとてもたいそうぶつぶつ言っている。「罪にあたるということは、中国でもわが国の朝廷でも、こうして世の中で優れ、何事も人とは違って特別な人には必ずあることなのだ。いったい源氏の君をどういう方でいらっしゃると思うのだ。亡き母御息所は私の叔父でいらした按察大納言の娘なのだ。実に優れたお方という評判が高くて、宮仕えにお出しになられたが、天皇がこの上なくご寵愛なさることが他に並ぶものもなかったがために、人の妬みがひどくて亡くなりなさったが、この君がお残りになっていらっしゃるのは、とても結構なことなのだ。女は気位を高く持たねばならぬものだ。私がこうした田舎者だからといって、あの子をお見捨てにはなるまい」などと言っていた。

◉重要ワード解説

★ **明石の入道**：もともとは大臣家の家柄であったが落ちぶれて地方の豪族となった人物。

★1 **桐壺更衣《かうい》の御腹の、源氏の光る君**：「桐壺更衣」は光源氏の生母。つまり桐壺更衣のお腹から産まれた光源氏のこと。

★2 **朝廷《おほやけ》の御かしこまり**：源氏は兄である朱雀天皇の第二夫人朧月夜との不倫が発覚したため、自ら政治的な判断を下し政界を引退、須磨の浦に退去した。

★3 **須磨の浦**：須磨と明石は近距離に位置する。現在の兵庫県神戸市。

★4 **吾子《あこ》**：明石の入道の娘。後に源氏の妻となる明石の君。

★5 **宿世《すくせ》**：「前世からの因縁や宿縁」

★6 **あなかたはや**：「あな」は感動詞。「かたは」は「不完全なこと」。ここでは、「ああみっともないなあ」という意味。

★7 **やむごとなし**：「高貴だ」

★8 **帝の御妻**：この場合、「帝」は「朱雀帝」。「御妻」は第二夫人の「朧月夜」。

★9 **あやしき山がつ**：「山がつ」とは田舎者という意味で使われているので、ここでは明石の入道の娘のこと。

★10 **え知り給《たま》はじ**：明石の入道が妻に言った言葉。「あなた（妻）は私の心がおわかりにならないのだろう」という意味。

★11 **さる心**：結婚する心の準備

★12 **ついで**：「機会」※源氏を自邸に迎える機会のこと。

★13 **かしづく**：「大切に世話をする」

★14 **ものの初め**：娘の最初の縁談のこと。

★15 **唐土《もろこし》**：「中国」

★16 **故母御息所《みやすどころ》按察《あぜち》大納言のむすめ**：源氏の生母、桐壺の更衣。「御息所」とは天皇の第二夫人の総称。

★17 **警策《かうざく》なり**：「人を驚かせるほど優れている」

★18 **国王**：この場合、「国王」は「桐壺帝」のこと。

「吉野の山で、鬼にあった僧」のお話

昔、吉野山の日蔵上人《にちぞうしょうにん》が山奥で修行して歩いておられた時——
あああ……
これは驚いた!!
お前はいったいどういう鬼だ!?

私は400~500年前に人間だった者でございます
ある者を恨みながら死んだため、このとおり鬼の身となりました
鬼として憎き敵をとり殺した私は
その者の子々孫々にいたるまで皆殺しにしたしかし…
足りない!!!
奴らが次々生まれ変わろうと、追いかけてとり殺してやりたい
なのに私にはそのすべがない!! 憎い!! 憎い!!!
…敵の一族は絶え果てても
私の怒りの炎は消えません…

恨みの心さえ起こさなければ、極楽《ごくらく》にも生まれ変われたでしょうに
鬼として未来永劫の苦しみを受けようとすることが、どうしようもなく悲しい…
お坊様
人のために恨みを残すのは、結局、我が身にかえってくることでした
それを知っていれば、こんな恨みは残さなかったのに…
ポロ
ポロ
チリ…

ボウ…
!!
ボオ
オオ…
他人への怒りで自らを滅ぼすとは…
まことに哀れな鬼よ…
日蔵上人は気の毒に思い、鬼の罪滅ぼしになるような回向《えこう》などをなさったという

頻出出典 7 『宇治拾遺物語』

◉民話や仏教話を身近に伝えた説話集

『宇治拾遺物語』は鎌倉時代の世俗説話、編者は宇治大納言隆国《たかくに》卿です。**「説話」は土地にまつわる話を口伝えで残してきた話なので、その土地の文化や風習、宗教に関わる話が多く集められています。**本文とマンガは仏教の話です。

日蔵上人の前に現れた鬼は、400～500年前、ある人を恨んだ罪の報いを受けて今生で鬼になってしまったと、泣きながら日蔵に訴えています。仏教では、人が生きる世界に、前世・現世（この世）・後世《ごせ》（あの世）の三つの世界があり、一つ前の世界での行いが次の世界で生まれ変わるステージを決めると、考えられています。

本文とマンガでは、鬼が仇《かたき》を殺した後も恨みが消えず、仇が生まれ変わった世まで追いかけて殺したいと考えましたが、死んだ仇がどこの世界に生まれ変わったかわからず、もがき苦しむ様子が描かれています。「瞋恚《しんい(に)》」とは、人間を害する三つの毒のうちの一つで、自分の思いどおりにならないことを怒り恨む心のことです。この怒りの心は、しだいに歯止めが利かなくなり、自らを苦しめていく危険な感情です。鬼は、まさに瞋恚という毒に取り憑《つ》かれた状態でいるのです。

最後に鬼が、もし仏の教えを守り、恨みを捨てられたならば、今頃極楽に行けたのだろうと、後悔しているのは、**人をどんなに恨んでも心が満たされることはなく、かえって、自分を苦しめるだけだと、身をもって知った**からです。そんな鬼を憐れみ、日蔵上人は念仏を唱えてあげたのです。

◉本文

昔、★1吉野山の★2日蔵の君、吉野の奥に行ひありき給ひけるに、★3長七尺ばかりの鬼、身の色は紺青《こんじやう》の色にて、髪は火のごとくに赤く、首細く、胸骨《むなぼね》はことにさし出でて、いらめき、腹ふくれて、脛《はぎ》は細くありけるが、この★4行ひ人にあひて、★5手をつかねて泣くこと限りなし。

「これは何事する鬼ぞ」と問へば、この鬼、涙にむせびながら申すやう、「われは、この四五百年を過ぎての昔人にて候ひしが、人のために恨みを残して、★6今はかかる鬼の身となりて候ふ。さて、その敵《かたき》をば、思ひのごとくに、取り殺してき。それが子・孫・★7曾孫《ひこ》・★8玄孫《やしはご》にいたるまで、残りなく殺し果てて、今は殺すべき者なくなりぬ。されば、なほかれらが生れ変りまかる後までも知りて、取り殺さんと思ひ候ふに、★9次々の生れ所、つゆも知らねば、取り殺すべきやうなし。★10瞋恚《しんい》の炎《ほのほ》は同じやうに燃ゆれども、敵の子孫は絶え果てたり。ただ我一人、尽きせぬ瞋恚の炎に燃えこがれて、★11せん方なき苦をのみ受け侍り。かかる心をおこさざらましかば、★12極楽《ごくらく》天上にも生れなまし。ことに恨みをとどめて、かかる身となりて、★13無量億劫《むりやうおくごふ》の苦を受けんとすることの、★14せん方なく悲しく候ふ。人のために恨みを残すは、しかしながら、我が身のためにてこそありけれ。敵の子孫は尽き果てぬ。わが命はきはまりもなし。かねて、このやうを知★15らましかば、かかる恨みをば、残さざらまし」と言ひ続けて、涙を流して、泣くこと限りなし。その間に、頭《かうべ》より、炎やうやう燃え出でけり。さて、山の奥ざまへ歩み入りけり。

さて日蔵の君、あはれと思ひて、それがために、さまざまの罪滅ぶべきことどもをし給ひけるとぞ。

◉現代語訳

昔、吉野山の日蔵上人が、吉野の奥を修行して歩いていらっしゃった時に、身の丈七尺ほどの鬼で、からだの色は紺青で、髪は火のように赤く、首が細く、胸の骨はことのほか出っ張っていて、角張っていて、腹はふくれて、脛は細い姿のものが、この上人に会って、手を合わせて泣くことこの上もない。

「お前はいったいどういう鬼か」と上人が聞くと、この鬼は涙にむせびながら申し上げることには、「私はここ4、500年も前の昔人でしたが、人のために恨みを残して、今はこんな鬼の身となりました。さてその敵を、思いどおりに殺してしまった。その子や孫、ひこ、玄孫にいたるまで全員殺してしまって、今は殺すはずの者がなくなりました。だから、やはり彼らが生まれ変わって行く先までも知って、とり殺そうと思いますが、次々と生まれ変わる所が全くわからないので、殺すことができる方法もありません。怒りの炎は同じように燃えていますが、敵の子孫はすべて絶えている。ただ私一人、尽きない怒りの炎に燃えこがれて、どうしようもない苦しみばかりを受けています。こんな心を起こさなかったならば、極楽や天道にも生まれただろう。ことのほか恨みを残して、こういう鬼の身となって、計り知れない苦しみを受けようとすることが、どうしようもなく悲しい次第です。人のために恨みを残すのは、そのまま、わが身にかえってくることなのだなあ。敵の子孫は尽き果てた。私の命ははてしもない。前もってこういう人生だと知っていたら、こんな恨みは、残さなかっただろう」と言い続けて、涙を流して泣くこと限りがない。その間に頭から炎がだんだん燃え出した。そして山奥へ歩いて入っていった。

そこで上人は気の毒に思い、その鬼のために、いろいろと罪滅ぼしになるようなことなどを、なさったと聞いている。

◉重要ワード解説

★1 **吉野山**：奈良県中央部にある大峰《おおみね》山脈の北側にある一帯。

★2 **日蔵**：道賢上人が神託により日蔵と改名した。941年（天慶四年）断食修行中の8月1日に頓死したが、8月13日に蘇生した伝説を持つ人物。

★3 **七尺ばかりの鬼**：一尺が約30センチメートルなの

解説

で2メートル余りの背丈の鬼。「身の色は…」以下の描写から、餓鬼の姿を表している。

★4 **行ひ人**：「行ひ」とは「仏道修行」。ここでは日蔵上人のこと。

★5 **手をつかねて**：「手を組み合わせて」

★6 **今はかかる鬼の身となりて候ふ**：前世での悪行によって、この世で鬼に生まれ変わったことを意味する。

★7 **曾孫《ひこ》**：「ひ孫」「孫の子」

★8 **玄孫《やしはご》**：「ひ孫の子」

★9 **次々の生れ所**：仏教では、前世・現世・後世《ごせ》の三世界を生まれ変わると考えることから、「次の世」で生まれ変わる場所という意味。

★10 **瞋恚《しんい(に)》の炎《ほのほ》**：人間が持っている三つの悪徳「貪・瞋・痴」の内の一つ。「瞋」は恨みや怒りの感情のことで、人間を害する心の動き。

★11 **せん方なき**：「仕方がない」「どうしようもない」

★12 **極楽《ごくらく》天上**：「極楽」は極楽浄土、「天上」は六道の内の「天上界」の二つに分ける説と、「極楽浄土」一つを意味する説がある。

★13 **無量億劫《むりやうおくごふ》**：計り知れないほどの長い時間

★14 **しかしながら**：「つまり」

★15 **ましかば…まし**：反実仮想の用法。「もし…ならば…だろうに」という意味。

頻出出典 8 『讃岐典侍日記』

「亡き天皇を思う讃岐典侍」のお話

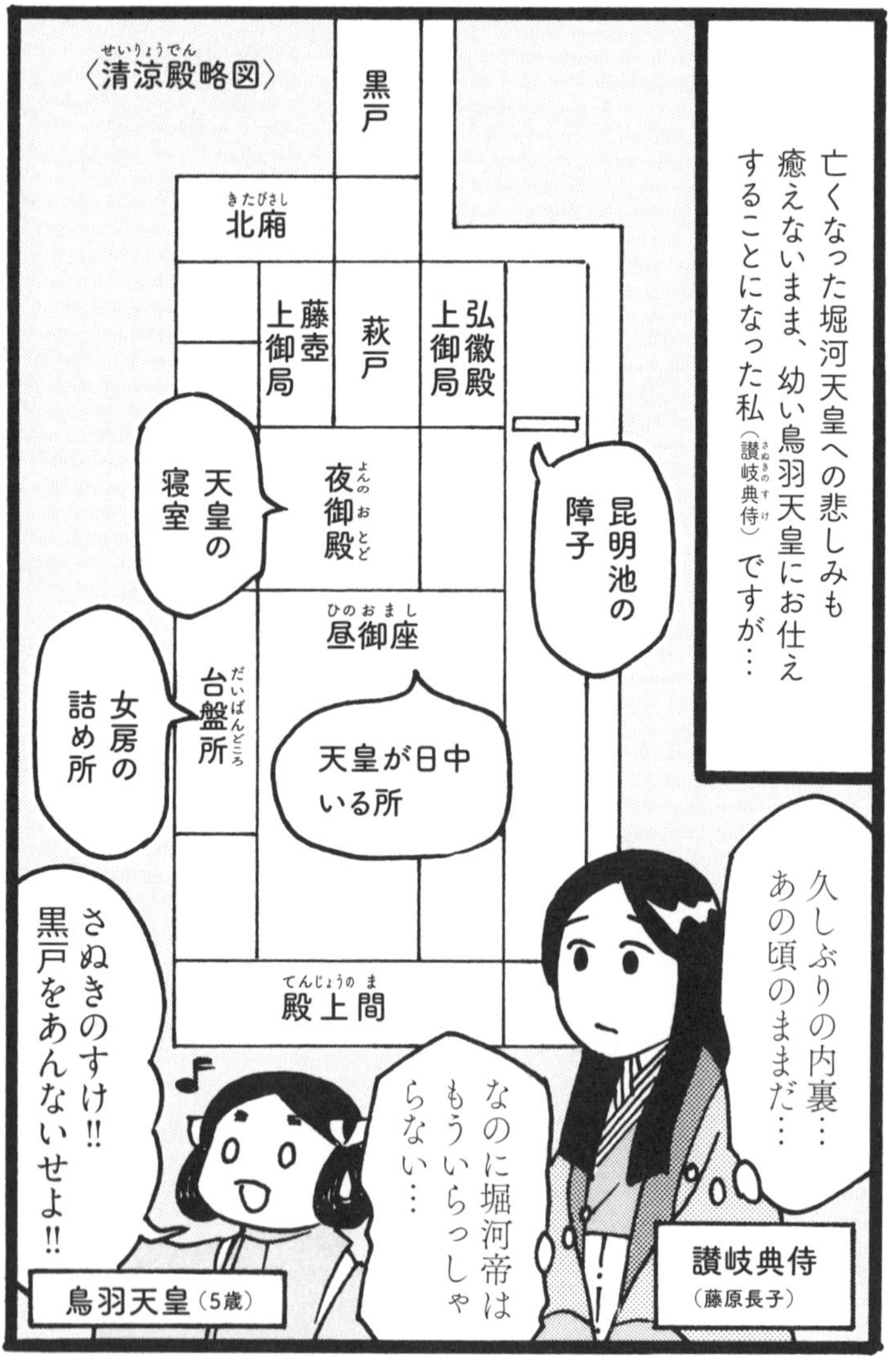

亡くなった堀河天皇への悲しみも癒えないまま、幼い鳥羽天皇にお仕えすることになった私（讃岐典侍《さぬきのすけ》）ですが…
〈清涼殿《せいりょうでん》略図〉
黒戸
北廂《きたびさし》
弘徽殿上御局
萩戸
藤壺上御局
昆明池の障子
夜御殿《よんのおとど》
天皇の寝室
昼御座《ひのおまし》
台盤所《だいばんどころ》
女房の詰め所
天皇が日中いる所
殿上間《てんじょうのま》
久しぶりの内裏…あの頃のままだ…
なのに堀河帝はもういらっしゃらない…
讃岐典侍（藤原長子）
さぬきのすけ!! 黒戸をあんないせよ!!
鳥羽天皇（5歳）

なつかしい…
台盤所に
昆明池の御障子…
まるで昔の知人に
会ったみたい…
弘徽殿…
鳥羽天皇はまだ
お小さいから、ここは
摂政殿の宿直所《とのいどころ》になっ
たのね…
わあ、
さぬきのすけ
みてみて!!
きれいな
はな!!

これは…先帝が植えられたのです
ちちうえが？
…なんだか古い歌を思い出してしまいますね
君が植ゑしひとむらすすき虫のねのしげき野べともなりにけるかな
御春有輔
あのお方が遺した花々が、こんなにも美しく咲いている…
特にこの萩の見事なこと…!!

もしあのお方がご覧になったとしたら、どんなにかお褒めになられただろう――…
萩の戸におもがはりせぬ花見ても昔をしのぶそでぞつゆけき
じわ…
どうしたさぬきのすけ？
!!!
何を見るにつけても堀河天皇のことが思い出されてしまう…
なななんでもございません!!
どうか!!すこやかにお育ちくださいませね!!
え？うん!!
新しい天皇の御世の始まりに、本当に申し訳ないです…（泣）

頻出出典 8 『讃岐典侍日記』

◉先帝への哀切の情をしたためた悲しみの日記

『讃岐典侍日記《さぬきのすけにっき》』は平安時代の日記、筆者は藤原長子です。上下巻に分かれ、上巻は、堀河天皇の発病から死ぬまでの日々。下巻は、堀河天皇の死後、退職した作者が院の命令により鳥羽天皇に再出仕し、亡き堀河天皇の思い出に囚われていく日々を描いています。**「清涼殿《せいりょうでん》」（天皇の部屋）の名称や宮廷人の役職などが多く描かれる作品なので、古文常識を問う入試の頻出出典**です。

筆者藤原長子は、天皇付きの女官であり、堀河天皇の寵愛を受けた第二夫人という立場でした。上巻における天皇を献身的に看病する姿や、下巻に見られる崩御した天皇に対する喪失感の深さは、作者の置かれた立場を知れば理解できます。

本文とマンガは、再出仕した作者が清涼殿で亡き堀河天皇を思い出す下巻の一節です。冒頭の「いかがもののみ思ひいでられぬべければ」は、作者が他の女官たちと清涼殿へ行った場合を想像して、「（清涼殿へ行ったならば）どんなに亡き堀河天皇を思い出すか」と、胸の内を語ったのです。「黒戸の道…しらぬに、教へよ」という鳥羽天皇の発言は、「黒戸」（清涼殿への控室）さえわからない5歳の天皇の幼さを表しています。また、**「弘徽殿《こきでん》」（先帝の后がいた部屋）が、摂政の部屋に替わったことも、新しい天皇が5歳の子どもだという現実を作者に突きつけている**のです。

本作執筆後、作者は、「堀河天皇の霊が乗り移った」などと奇怪な発言をしたため、出仕を差し止められたと伝わっています。

◉本文

★1明けぬれば、★2いつしかと起きて、★3人々、「めづらしき所どころ見ん」とあれど、具してありかば、ただ★4ほれてゐたるに、★5おまへのおはしまして、「いざ、いざ。★6黒戸の道をおれらがしらぬに、教へよ」とおほせられて、ひきたてさせたまふ。

参りて見るに、★7清涼殿《せいりやうでん》、仁寿殿《じじゆうでん》、いにしへにかはらず。★8台盤所《だいばんどころ》・★9昆明池《こんめいち》の御障子、今見れば、★10見し人にあひたるここちす。弘徽殿《こきでん》に★11皇后宮《きさいのみや》おはしまししを、★12殿の御とのゐ所になりにたり。黒戸の★13小半蔀《はじとみ》のまへに植ゑおかせたまひし★14前栽《せんざい》、心のままにゆくゆくとおひて、御春有輔《みはるのありすけ》が、

★15君が植ゑしひとむらすすき虫のねのしげき野べともなりにけるかな

といひけんも、思ひいでらる。★16御溝水《みかはみづ》の流れにならみたてるいろいろの花ども、いとめでたきなかにも、萩の色こき、咲きみだれて、朝の露玉をつらぬき、夕べの風なびくけしき、ことに見ゆ。これを見るにつけても、御覧ぜ★17ましかば、いかにめでさせたまはまし、と思ふに、

★18萩の戸におもがはりせぬ花見ても昔をしのぶそでぞつゆけき

と思ひゐたるを、人にいはんも、おなじ心なる人もなきにあはせて、ことのはじめにもり聞こえん、よしなけれ…

◉現代語訳

夜が明けると、私は早く夜が明けないかなと、起きて、他の女官たちは「まだ見たことのない所を見たい」と言っているけれど、いっしょに連れて歩き回ったら、どんなにか亡き堀河天皇のことばかり思い出してしまうはずなので、ただぼんやりとすわっていると、鳥羽天皇がおいでになって、「さあ、さあ、黒戸へ行く道をわたしは知らないので、教えなさい」とおっしゃっ

頻出出典 8 『讃岐典侍日記』

て、無理やりお引き立てになる。

黒戸の方に参上してみると、清涼殿や仁寿殿は昔と変わらない。台盤所や昆明池の御障子を今見ると、昔の知人に会っている気持ちがする。昔は弘徽殿に中宮様がいらっしゃったが、今は摂政殿の御宿直所になっている。黒戸の小窓の前に堀河天皇が植えておきなさった植木が、自由自在にすくすく生い繁っていて、その昔、御春有輔が、

亡き天皇が植えなさったひとむらの薄が手入れもなく生い茂って今は虫の声のしきりにする野原となってしまったよ

と詠んだとかいう歌も自然と思い出される。御溝水にそって咲き並んでいるいろいろな花が、とてもみごとななかでも、萩の色の濃いのが咲き乱れて、早朝につく草露が玉のように貫き、夕方の風になびく風情が、格別にすばらしく見える。この様子を見るにつけても、もし、堀河天皇がご覧になったならば、どれほど感動なさるだろうか、と思うと、

萩の戸で昔のまま咲いている花を見るにつけても
昔を思い出すわたしの袖は涙にぬれることだ

と心の中でつぶやいていたのだが、この歌を人に言いたいと思っても、わたしと同じ思いの人もいない上に、鳥羽天皇の治世の初めに、先帝を慕う歌が人にもれて評判になるようなことも具合が悪いので…

◉重要ワード解説

★**藤原長子**：藤原顕綱の娘。堀河天皇に仕え寵愛を受けた人物。本文は、堀河天皇が崩御した後、再出仕した作者が亡き天皇を思い出す場面。

★**堀河天皇**：第73代天皇。平安後期、白河上皇の院政期の天皇。

★**鳥羽天皇**：第74代天皇。堀河天皇の病死により5歳で即位する。

★1 **明けぬれば**：天仁元（1108）年8月22日。

★2 **いつしか**：「早く」

★3 **人々、「めづらしき所どころ見ん」**：宮中に初めて参上した女房の発言。

★4 **ほれて**：「ほる」は「ぼんやりする」の意味。

★5 **おまへ**：鳥羽天皇。

★6 **黒戸**：清涼殿に参るための臣下が控える部屋。

★7 **清涼殿**：天皇の部屋。

★8 **台盤所**《だいばんどころ》：清涼殿の内にある女房の部屋。

★9 **昆明池《こんめいち》の御障子**：清涼殿にある障子。中国の昆明池の絵が描かれている。

★10 **見し人**：作者の昔の知人。

★11 **皇后宮《きさいのみや》**：堀河天皇の中宮、篤子内親王。

★12 **御とのゐ所**：宿直所。

★13 **小半蔀《はじとみ》**：小窓。

★14 **前栽《せんざい》**：庭の低い植木。

★15 和歌 **君が植ゑしひとむらすすき…**：(訳)「亡き堀河天皇が植えたひとむらのススキが手入れもされず生い茂って今では虫の声が激しい野原になってしまったなあ」

★16 **御溝水《みかはみづ》**：宮中の庭に流れる小川。

★17 **ましかば…まし**：反実仮想「もし…ならば、…だろうに」の意味。

★18 和歌 **萩の戸におもがはりせぬ…**：(訳)「萩の戸で以前と変わりなく咲いている花を見ると昔を思い出す。私の着物の袖が涙でぬれることだなあ」。「萩の戸」は、天皇の妻の部屋、2部屋の間にある空間。妻の部屋を意味することもある。

頻出出典 9 『伊勢物語』

「あやしき藤の花」のお話

おい聞いたか?
最近行平《ゆきひら》殿がたいそう良い酒を手に入れたらしい
ほほう!!ご相伴に与《あずか》りたいものだな!!
…で、みんなでやってきたと
まあいいか
在原行平
どうせなら盛大にやろう
誰か良近様もお呼びしろ
今を時めく左中弁《さちゅうべん》殿をもてなそうじゃないか!

行平殿、今日は
ご馳走になります
左中弁
藤原良近
良近殿、ようこそ
おいでくださいました
おお、
花がこんなに
さすが
行平殿、
風流ですな
やや！
これはすごい！
藤ですか！
大きいな!!
1.1m
今日はこれを題に
歌を詠みながら
飲むとしましょう

頻出出典 9 『伊勢物語』

兄上
業平《なりひら》!!宴の気配に誘われて来たのか!!
まあそんなところです
在原業平
ナイスタイミングだ!お前も一首詠め!!
いやあそれが私歌のことはさっぱり…
いいからいいから!!
そうですなあ…

咲く花の下にかくるる人を多みありしにまさる藤のかげかも
花の下？
どういう意味だ？
太政大臣
藤原良房
わははは
どういうって…
太政大臣良房《よしふさ》様のご栄華を詠んだだけですけど？
ども
ああ…（察し）
なるほど…

頻出出典9 『伊勢物語』

◉和歌に映る素直な心が感動的な物語

平安時代の歌物語『伊勢物語』を紹介します。歌物語は、和歌がテーマとなる物語のため、**和歌の修辞法を問う入試問題でよく出題される**出典です。『伊勢物語』の主人公は、六歌仙で有名な在原業平。在原業平といえば、イケメンで数々の恋愛話が有名ですが、藤原摂関政治が行われた平安時代では、政治的に不遇なところもあったようです。

本文とマンガに登場する「行平」は、業平の兄にあたる人物です。行平主催の左中弁藤原良近をもてなす宴会に飾られた藤の花は、藤原氏の栄華を感じさせます。そこに現れた業平が詠んだ「咲く花の下にかくるる人を多みありしにまさる藤のかげかも」という歌の「咲く花」は藤原氏の栄華を、「藤のかげ」は、藤原氏の庇護をうける人を表します（訳は重要ワード解説参照）。業平は、藤原良近とその支持者の前で、皮肉ともとれる意味深長な歌を詠んだのですから、人々が歌の真意をたずねるのも当然です。それに対し、業平は「おほきおとど（藤原良房）の栄華を称えたのだ」と、**人々の批判をかわす鮮やかな返答**をしたので、一座の人々は黙ってしまったのです。

また、業平が、初めに和歌を辞退した発言は、業平がプロ歌人としての和歌教育を受けていないことから発した謙遜という説

解説

があります。和歌は心のままに詠むのがよいと、『古今和歌集』の序文に書かれていますが、**業平の和歌が、人々を感動させたのも、正直な心が和歌に詠まれているからかもしれません。**

◉本文

むかし、左《さ》兵《ひやう》衛《ゑ》の督《かみ》なりける★1在原の行平《ゆきひら》といふありけり。その人の家によき酒ありと聞きて、上にありける★2左《さ》中《ちゆう》弁《べん》藤原の良近《まさちか》といふをなむ、★3まらうどざねにて、その日は★4あるじまうけしたりける。なさけある人にて、かめに花をさせり。その花のなかに、あやしき藤の花ありけり。花のしなひ、三尺六寸ばかりなむありける。それを題にてよむ。よみはてがたに、★5あるじのはらからなる、あるじしたまふと聞きて来たりければ、とらへてよませける。もとより歌のことはしらざりければ、★6すまひけれど、しひてよませければかくなむ、

★7咲く花の下にかくるる人を★8多みありしにまさる藤のかげかも

「★9などかくしもよむ」と言ひければ、「★10おほきおとどの栄花のさかりに★11みまそがりて、藤氏の、ことに栄ゆるを思ひてよめる」となむいひける。みな人、★12そしらずなりにけり。

頻出出典 9 『伊勢物語』

◉現代語訳

昔、左兵衛の督であった在原行平という人がいた。その人の家に良い酒があるという評判を聞いて、殿上の間に出仕していた左中弁藤原良近という人を主賓として、その日は接客のための宴を開いた。行平は風流を解する人で、かめに花を挿して飾った。その花の中に、目を引く藤の花があった。花房が、三尺六寸ほどもあった。その花を題にして歌を詠む。人々が歌を詠みつくした頃に、主人行平の兄弟である男（業平）が、宴会をなさっていると、聞いてやってきたので、つかまえて歌を詠ませた。もともと兄弟の男は歌のことは知らなかったので、辞退したけれども、無理に詠ませたところこのように詠む、

咲く花の花房の下にはいるように藤原氏の恩恵をうける人が多いので以前よりまして偉大なる藤の花のような藤原氏の力ですなあ

「どうしてこんなふうに詠むのか」と人々がいったので、男は、「太政大臣良房様が栄華の絶頂にいらっしゃって、藤原氏が格別に栄えるのを思って詠んだ」といった。人々は皆、その歌を非難しなくなってしまった。

◉重要ワード解説

★ **在原業平**：平安時代、六歌仙の一人として『古今和歌集』に30首の和歌がとられた人物。『伊勢物語』の主人公であり、イケメンと称されている。

★1 **在原の行平**：在原業平より7歳上の兄、左兵衛府（宮中警護を司る役所）の長官を務めた。

★2 **左中弁藤原の良近**：平安時代中期の貴族。左中弁は、太政官内にある役所の役人。

★3 **まらうどざね**：「ざね」とは「主」という意味。主賓のこと。

★4 **あるじまうけ**：「客を接待すること」

★5 **あるじのはらから**：宴の主である行平の弟、業平のこと。

★6 **すまふ**：「ことわる」「辞退する」

★7 和歌 **咲く花の下にかくるる…**：（訳）「咲く藤の花のような栄華を極めた藤原氏の権力の下で庇護をこうむる人々が多いので以前にもまさる藤の花の陰だなあ」

★8 **人を多み**：「…を…み」は形容詞の語幹用法で、

「…が…ので」と訳す。

★9 **などかくしもよむ**：「どうしてこのような歌を詠んだのか」の意味。業平の歌を不思議だと思った人々が、業平を懐疑的に思って投げた言葉。

★10 **おほきおとど**：太政大臣、藤原良房のこと。

★11 **みまそがり**：「いまそがり」と同義。

★12 **そしる**：「批判する」

頻出出典10『平家物語』

「平家と摂関家のぶつかり合い」のお話

オイコラ待て!!!
ダッ
うっせーな放せバーカ
何だとこのクソガキ
わあああああ
ヒーン
摂政の供の者たちは資盛たちを次々と馬から引きずり落とし、たいそう恥をかかせた
どーん!!!

やっとの思いで六波羅《ろくはら》に帰りついた資盛は…
じいちゃーん
セッショーのやつにやられたぁー
ボロ…
なにィ!? たとえ摂政殿であろうとも、我ら平家に恥をかかせるとは絶対に許せんッ!!!
武士はナメられたら終わりぞ!!それを摂政殿に思い知らせてくれる!!!
平清盛《きよもり》
仇《かたき》はじいちゃんが討ってやるからな資盛ィィィ!!!
じいちゃあん
お待ち下さい父上!!!

なんじゃ重盛《しげもり》
この件、どう考えても我が息子・資盛に非がございます!!
平重盛
摂政殿の御前で下馬の礼をとらないなど、非常識にも程がある!!
ご、ごめんなさ
お前ももう13歳、それくらいわきまえよ、愚か者め!!
お前たちもわかったな!!
このことは私からも殿下におわび申し上げる!!
…納得いかん

◉歴史上の人物たちをリアルに描く戦争文学

軍記物語は、日本で起きた戦争を史実のまま描いた物語です。今回は、鎌倉時代の軍記物語『平家物語』を取り上げました。『平家物語』は、平家が栄華を極め、壇ノ浦で敗戦し滅んでいく栄枯盛衰を描いたものです。**入試でも歴史的な場面がよく出題される**ので、その内の一つを紹介します。

本文とマンガは、平家全盛期、嘉応《かおう》2（1170）年に起きた事件です。清盛の孫にあたる資盛《すけもり》の一行が、摂政藤原基房の行列と交差点で偶然ばったり出くわした時、資盛は、目上の摂政に対して自分の行列を停め、馬から下りて挨拶をするべきだったのですが、摂政を無視して行列を突っ切ろうとしたため、摂政の供が資盛側に暴行したのです。

痛い目に遭わされた資盛は、六波羅に戻って清盛に泣きつきます。どんな理由でも、孫が恥をかかされたのは、平家があなどられたことと同じだと、清盛は怒りをあらわにしますが、事態を冷静に見ていた息子重盛《しげもり》に、諭されたという話です。

当時、武士は身分が低かったのですが、清盛は、戦争に勝って権力を握ると、関白になり、娘を高倉天皇に入内させ、その子安徳天皇を即位させました。天皇よりも権力を握った清盛にとって、孫が摂政に見下されたことを黙認すれば、平家の天下を揺るがしかねないと考えたのでしょう。「平家にあらずんば人にあらず」という有名な言葉がありますが、**今回の事件は、栄華を極めた清盛の豪快さとその裏側にある脆《もろ》くて弱い人間性を表しています。**

◉ 本文

★1資盛朝臣《すけもりのあツそん》、★2大炊御門猪熊《おほひのみかどゐのくま》にて、★3殿下《てんが》の★4御出《ぎよしゆつ》に、★5はなづきに参りあふ。御供の人々、「何者ぞ、狼藉《らうぜき》なり。御出のなるに、乗物よりおり候へおり候へ」といらてけれども、★6余りにほこりいさみ、世を世ともせざりけるうへ、召し具したる侍ども、皆廿より内の若者どもなり、★7礼儀骨法《こつぱふ》弁《わきま》へたる者一人もなし。殿下の御出ともいはず、一切下馬の礼儀にも及ばず、かけやぶッてとほらむとするあひだ、くらさは闇し、艶ゝ入道の孫とも知らず、又少々は知つたれども、★8そら知らずして、資盛朝臣をはじめとして、侍ども皆馬よりとつて引きおとし、頗る恥辱に及びけり。資盛朝臣、はふ〳〵★9六波羅へおはして、祖父《おほぢ》★10相国禅門《しやうこくぜんもん》に、此由うったへ申されければ、★10入道大きにいかつて、「たとひ殿下なりとも、★11浄海《じやうかい》があたりをばはばかり給ふべきに、をさなき者に、★12左右《さう》なく恥辱をあたへられけるこそ、遺恨の次第なれ。かかる事よりして、★13人にはあざむかるるぞ。此事思ひ知らせ奉らでは、★14えこそあるまじけれ。殿下を恨み奉らばや」と宣へば、★15重盛卿申されけるは、「是は少しも★16苦しう候ふまじ。頼政《よりまさ》、光基《みつもと》なんど申す源氏共にあざむかれて候はんには、誠に一門の恥辱でも候ふべし。重盛が子どもとて候はんずる者の、殿の御出に参りあひて、乗物よりおり候はぬこそ、★17尾籠《びろう》に候へ」とて、其時事にあうたる侍ども、召し寄せ、「自今以後も、汝等、能く〳〵心得べし。あやまつて殿下へ無礼の由を申さばやとこそ思へ」とて、帰られけり。

頻出出典10 『平家物語』

◉現代語訳

資盛朝臣は、大炊御門大路と猪熊小路が交差する所で、摂政殿のお出ましに、ばったりと出会った。摂政のお供の人々が、「何者だ、無礼であるぞ。摂政殿のお出ましであるのに、馬から下りなさい、下りなさい」とせきたてたが、資盛はあまりに平家の威勢を自慢し勇んでいて、世間をなんとも思っていなかったことに加えて、召し連れた侍たちが皆20歳以下の若者たちで、礼儀作法をわきまえた者は一人もない。摂政殿のお出ましでも問題にせず、全く下馬の礼をつくすこともなく、摂政の行列を駆け破って通ろうとしたので、暗かったし、全く入道相国の孫とも知らず、また少しは知っているけれども、知らないふりをして、資盛朝臣をはじめ、侍どもを皆馬から引きずり落とし、ひどく恥をかかせた。資盛朝臣は、やっとの思いで、六波羅へいらっしゃり、祖父の入道相国に、このことを訴え申し上げなさったので、入道はとても怒って、「たとえ摂政であっても私浄海の縁者に遠慮なさらねばならないのに、幼い資盛になにも考えず恥をかかせたのは、残念なことである。こんな事から、人にばかにされるのだ。このことを摂政に思い知らせ申し上げなくては、治めることはできない。摂政を恨み申し上げたい」と言うので、重盛卿が申し上げるには、「これは少しも問題ではありません。頼政《よりまさ》・光基《みつもと》などと申す源氏どもにばかにされました時には、なるほど平家一門の恥でもございましょう。

重盛の子どもともあろう者が、摂政のお出ましにあって、馬から下りないことこそ、失礼なことです」といって、その時、事件に関係した侍どもを呼び寄せて、「今後も、お前たちはよくよく心得なさい。まちがって摂政へ無礼をはたらいたことを、私からおわび申し上げたいと思う」といって、お帰りになった。

◉重要ワード解説

★1 **資盛朝臣**《すけもりのあそん》：平資盛。三位中将、清盛の孫にあたる。当時は13歳で越前守。

★2 **大炊御門猪熊**《おほひのみかどゐのくま》：大炊御門大路と猪熊小路とが交差した所。

★3 **殿下**《てんが》：摂政関白に対する敬称。摂政、藤原基房のこと。

★4 **御出**《ぎょしゅつ》：「高貴な人のお出かけ」

解説

★5 **はなづきに参りあふ**：「ばったり行き合う」の意味。資盛は若い侍を連れて鷹狩りをした夕方、六波羅へ帰る途中に摂政の行列と遭遇した。

★6 **いらてけれども**：「いらて」は下二段動詞「いらつ」の連用形。「催促する」という意味。「いらづ」とも言う。

★7 **礼儀骨法**：礼儀作法。

★8 **そら知らず**：「そら」は接頭語。(1)「うその」・「ふりをする」(2)「かいのない」・「無駄な」(3)「なんとなく」 ※本文は(1)

★9 **六波羅**：平家の邸宅がある場所。

★10 **入道・相国《しょうこく》禅門《ぜんもん》**：「相国」は「大臣」、「禅門」と「入道」は同じ、在家の出家者を意味する。平清盛のこと。

★11 **浄海《じょうかい》があたり**：「浄海」は清盛の出家後の名称。「あたり」は「周辺」「関係者・縁者」のこと。

★12 **左右なく**：(1)「なにも考えず」・「ためらうことなく」(2)「決着がつかない」 ※本文は(1)

★13 **あざむかるる**：「あざむか」は四段動詞「あざむく」の未然形。意味は「軽視する」「ばかにする」。「るる」は受身の助動詞「る」の連体形。

★14 **え……打消**：副詞「え」の下に打消語がくると不可能「～できない」の意味。

★15 **重盛**：平清盛の嫡子。「平家物語」では、清盛と対照的な冷静沈着な人物に描かれている。

★16 **苦しう候ふまじ**：「気にすることではありません」の意味。

★17 **尾籠《びろう》**：「失礼」「無作法」

資料編

ジャンル別

重要文学作品一覧

文学作品が誕生した時代だけでも大まかに頭に入れておけば、作品の背景理解につながります。

作品名、作者・編者名、成立年代、作品概要をコンパクトにまとめました。

ジャンル別〜重要文学作品一覧

10大頻出出典以外にも、入試に出る重要な作品があります。出典の概要を知っておくだけでも解く時の手がかりになるので、次のリストをスキマ時間で眺めるようにしましょう。成立年代については不明瞭なことが多いので、リストの順番は成立順ではありません。また、★がついているものは第2部で扱っているので、詳細を第2部でよく確認してください。

◉ 作り物語

ジャンル	作品名	作者・編者名	成立年代	作品概要
	竹取物語	未詳	平安時代初期	天上の世界からきた姫が、人間の世界で成長、貴族たちの求婚を断って、天上へ帰っていくという、伝奇物語。『源氏物語』に「物語の出で来始めの祖」と書かれ、物語の元祖と考えられている。
	宇津保物語	未詳	平安時代中期	20巻から成る長編物語。前半は、清原俊蔭が天人から授かった琴の秘曲伝授の話。後半は、貴宮を中心とする求婚物語と権力争いを描いた話。
	落窪物語	未詳	平安時代中期	日本版シンデレラと称される継子いじめの物語。主人公の落窪の姫君は継母からいじめられていたが、左近少将道頼に見初められ結ばれる。結婚後、幸せになった二人が、継母に逆襲する話。

作り物語

源氏物語★	紫式部	平安時代中期	54帖からなる長編物語で、内容は3部立てに分かれる。第1部＝光源氏の出世事情～准太政天皇の地位に就くまでを描いている。第2部＝正妻、女三の宮と柏木の密通事件～紫の上の死。源氏の出家にいたるまでを描いている。第3部＝源氏の子、薫大将と源氏の孫、匂宮が宇治の姫君と不幸な恋に落ちる話。最後の10帖を「宇治十帖」と呼ぶ。
堤中納言物語	未詳	平安時代中期～末期までに書かれた	10編からなる日本最古の短編物語集。「花桜折る少将」「このついで」「虫めづる姫君」「ほどほどの懸想」「逢坂越えぬ権中納言」「貝あはせ」「思はぬ方にとまりする少将」「はなだの女御」「はいずみ」「よしなしごと」
浜松中納言物語	未詳	平安時代後期	『源氏物語』の影響が強い作品。夢のお告げや輪廻転生に重きが置かれることが特徴。
夜の寝覚	未詳	平安時代後期	『源氏物語』の影響が強い作品。中の君寝覚の上と中納言（姉の夫）の悲恋の物語。
狭衣物語	六条斎院宣旨（源頼国女）を定説とする。	平安時代後期	『源氏物語』の影響が強い作品。狭衣大将が、源氏宮へ寄せる思慕を中心に描く。源氏宮への恋は果たされず、他の女性との遍歴がつづられる。
とりかへばや物語	未詳	平安時代後期	兄と妹が男女逆の姿で育てられ、それぞれに出世・入内するものの苦悩が絶えず、その後元の姿に入れ替わり、関白・中宮という地位を得る。

◉歌物語

ジャンル	作品名	作者・編者名	成立年代	作品概要
歌物語	伊勢物語★	未詳	平安時代前期	125段からなる歌物語。在原業平と思われる人物の初冠（元服）から臨終までを描く一代記と言われる。『在五中将日記』とも言われる。
	大和物語★	未詳	平安時代中期	173段からなる歌物語。和歌が295首収められている。前半は歌物語が中心。後半は説話の要素が強い。『後撰和歌集』時代の実在人物が多く登場する。
	平中物語★	未詳	平安時代中期	39段からなる歌物語。平貞文と数々の女性との恋愛が、和歌のやり取りによって描かれる。

◉日記

ジャンル	作品名	作者・編者名	成立年代	作品概要
日記	土佐日記	紀貫之	平安時代初期	作者が女性に仮託して描いた日本で最初の仮名日記文学。土佐の国司の任期を終えた作者が京都に帰るまでの旅日記。
	蜻蛉日記	藤原道綱母	平安時代中期	関白・藤原兼家との21年間の結婚生活をつづった日記。権力者の妻（第二夫人）となった作者が、不安定な結婚生活や子ども、道綱への思いをリアルに描いた日記。
	和泉式部日記	和泉式部	平安時代中期	故宮（為尊親王）との恋の思い出にひたりながらも、弟である帥宮（敦道親王）と恋に落ちる恋愛日記。作者は自身のことを「女」と三人称で描写し、140余首の和歌が収められている。
	紫式部日記★	紫式部	平安時代中期	中宮彰子に出仕した作者が、宮廷生活、儀式、彰子の出産などを記した女房日記。同時代を生きた女房の人物評や人生の回想も描かれている。寛弘5年（1008）～7年までの記事。
	更級日記	菅原孝標女	平安時代後期	作者13歳から52歳までの人生回想日記。［少女期］東国から入京するまでの旅日記。［中年期］宮家に出仕した苦しい体験、夫の死、姉の死などを描いた期。［晩年期］仏道修行やその養育に心を入れた余生をつづる期。

ジャンル	作品名	作者・編者名	成立年代	作品概要
日記	讃岐典侍日記★	藤原長子	平安後期	堀河天皇の側近であり、寵愛を受けた作者の体験記。［上巻］堀河天皇の発病から崩御するまでの日記。［下巻］崩御後、作者が白河院の命で新帝に出仕するが、先帝を追慕し苦しむ日記。
	建礼門院右京大夫集	世尊寺伊行の娘	鎌倉初期	高倉天皇の中宮、建礼門院（平清盛の娘）に仕えた作者が、建礼門院の悲劇や平家の滅亡、恋人平資盛との死別、後鳥羽院への再出仕などを描いた作品。私家集とする説もある。
	十六夜日記	阿仏尼	鎌倉初期	夫、藤原為家の死によって起こった相続争いの訴訟のため、作者が京都から鎌倉へ下向する旅日記。鎌倉までの道中などで詠んだ和歌が100首以上ある。旅立ちの日が10月16日ということで、書名がついた。
	とはずがたり	後深草院二条	鎌倉後期	［前3巻］後深草院に出仕し、寵愛を受けた作者が、院から追放される恋愛模様を描いた日記。［後2巻］作者が出家した後、諸国行脚の旅に出る日記。

◉ 随筆

ジャンル	作品名	作者・編者名	成立年代	作品概要
随筆	枕草子★	清少納言	平安時代中期	300余の文章から成り、内容は3つに分類される。〔日記的段〕中宮定子に仕えた宮中体験記。〔類聚的段〕「〜もの」からはじまる文章が多い。〔随想的段〕前の2つに属さない感想文。『源氏物語』と並ぶ平安宮廷文学の代表作。
	方丈記	鴨長明	鎌倉時代初期	下鴨神社の神官としての栄達の道をたたれた作者が、京都、日野山に庵を結び、無常な世の中の様をつづったもの。大火・大風・福原遷都・飢饉・大地震などの記事も含む。
	徒然草	兼好法師	鎌倉時代末期	244段から成る作品。人生論・世相論、説話、有職故実の考証など内容が多岐にわたる。作品全体を通し、仏教・儒教思想にとどまらず、王朝文化にも深い理解が感じられる内容である。
	玉勝間	本居宣長	江戸時代後期	14巻の考証随筆。作者は「国学四大人」の一人。文学・史学・言語・古学・有職故実などの学問研究や評論が書かれている。

◉ 説話

ジャンル	作品名	作者・編者名	成立年代	作品概要
説話	日本霊異記	景戒	平安時代前期	日本最古の仏教説話集。ほぼ年代順に集成し、因果応報説話116話を収めている。『日本国現報善悪霊異記』が正式な名称。
	今昔物語集	未詳	平安時代後期	天竺（インド）・震旦（中国）・本朝（日本）の3部構成で、1000話余の説話から成る。本朝部は仏教説話と世俗説話に分けられている。日本最大の説話。
	古本説話集	未詳	平安時代後期	和歌に関する世俗説話46話と仏教説話24話から成る。和歌説話には、紀貫之や和泉式部などが登場し、王朝時代への追慕と見られる傾向がある。
	発心集	鴨長明	鎌倉時代前期頃	100話ほどから成る仏教説話集。人間の欲や執着心などを赤裸々につづった。
	宇治拾遺物語★	未詳	鎌倉時代初期（宇治大納言隆国卿）	197の説話から成る世俗説話集。『今昔物語集』と89話が重複する。笑いやおかしみを伴う話が多く、現代にも民話として伝わる「鬼に瘤取らるる事（こぶとりじいさん）」「雀報恩の事（舌切り雀）」などもある。
	閑居の友	慶政上人	鎌倉時代前期頃	32編の説話が収められた仏教説話集。『発心集』に影響を受けた作品で、随筆的な傾向がある。
	十訓抄	六波羅二臈左衛門入道	鎌倉時代中期	10か条の教訓を挙げ、各教訓に関する説話を集めたもの。若者の道徳教育を目的とした世俗説話。

古今著聞集	橘成季	鎌倉時代中期	平安から鎌倉初期までの700話ほどの話を収めた世俗説話集。神祇、政道など30に分類される。王朝文化への懐古的な特徴がある。
撰集抄	未詳（西行に仮託）	鎌倉時代中期	西行に仮託して書かれたとされる仏教説話集。『閑居の友』の影響を受けた。約120話を集めた。
沙石集	無住法師	鎌倉時代中期	100話余から成る仏教説話集。教訓話だけでなく、実話も交えて仏教思想を説いたもの。

◉ 歴史物語

ジャンル	作品名	作者・編者名	成立年代	作品概要
歴史物語	栄花物語	未詳（正編は赤染衛門か？　続編は未詳）	平安時代後期	宇多天皇から堀河天皇までの15代およそ200年の歴史が編年体（年代順につづる形式）で書かれた歴史物語。藤原道長の栄華とともに、宮廷の華やかな生活を描く。
	大鏡★	未詳	平安時代後期	紀伝体で書かれた歴史物語。文徳天皇から後一条天皇までの176年の歴史を書いた作品。大宅世継と夏山繁樹二人の老人が歴史を語る会話形式で進行する。『栄花物語』と同時代を扱うが、異なる内容となっている部分がある。
	今鏡	未詳	平安時代後期	後一条天皇から高倉天皇（『大鏡の後』）までの13代146年の歴史が紀伝体で書かれた歴史物語。大宅世継の孫「あやめ」という老女が語る形式で描かれている。
	水鏡	未詳	平安後期～	神武天皇から仁明天皇（『大鏡』より前）までの54代の歴史が編年体で書かれた歴史物語。尼が書き留めたという形式。
	増鏡	未詳	南北朝時代	後鳥羽天皇から後醍醐天皇までの約150年の歴史が編年体で書かれた歴史物語。尼が語ったものを作者が書き留めるという形式。

◉軍記物語

ジャンル	作品名	作者・編者名	成立年代	作品概要
軍記物語	保元物語	未詳	鎌倉時代前期	保元の乱を描いた軍記物語。源為朝の活躍を中心に、敗軍（崇徳上皇側）の人々の悲劇も書かれている。和漢混淆文でつづられる。
	平治物語	未詳	鎌倉時代前期	平治の乱を描いた軍記物語。この争乱の結果、源氏は勢力を失う。源義平の悲劇や常盤御前（義経の母）の献身などが和漢混淆文で描かれる。
	平家物語★	未詳	鎌倉時代前期	平氏の全盛期から滅亡にいたるまでを描いた戦争文学。仏教的無常観を基調に、和漢混淆文で書かれた作品。琵琶法師による語り「平曲」によって広まった。
	太平記	未詳	南北朝時代と考えられる	後醍醐天皇の倒幕計画から建武の新政、南北朝の分立、室町幕府の紛争までを描いた40巻の作品。和漢混淆文で記されている。
	曾我物語	未詳	南北朝時代	曾我兄弟による父の仇討ちを描いた軍記物語。浄瑠璃や歌舞伎の演目に影響を与え、「曾我物」と呼ばれる。
	義経記	未詳	室町時代前期	源義経の生涯を描いた軍記物語。前半は義経の幼年期を描き、後半は兄である頼朝との不和から敗死するまでを描いたもの。

索引

第1部の用語リストに掲載した語を抜粋しました（ページは用語リストのみ）。古文読解のカギになる用語・概念ばかりなので、復習・確認に役立てましょう。

ア

白馬《あおうま》の節会《せちえ》……76
朝餉間《あさがれいのま》……33
天照大神《あまてらすおおみかみ》……92
有明《ありあけ》の月《つき》……69
粟田口《あわたぐち》……25
亥《い》……73
五十日《いか》の祝《いわい》……52
十六夜月《いざよいのつき》……68
石山寺《いしやまでら》……81
一条天皇《いちじょうてんのう》……59
戌《いぬ》……73
居待月《いまちのつき》……68
石清水八幡宮《いわしみずはちまんぐう》……80
院《いん》……12
因果応報《いんがおうほう》……88
卯《う》……73
初冠《ういこうぶり》……52
上御局《うえのみつぼね》……32
右近《うこん》の橘《たちばな》……29
丑《うし》……73
宇治《うじ》……81
歌合《うたあわせ》……84
袿姿《うちきすがた》……48
采女《うねめ》……21
産養《うぶやしない》……52
午《うま》……73
雲上人《うんじょうびと》……16
恵方《えほう》……73
烏帽子《えぼし》……45
縁語《えんご》……85
逢坂《おうさか》の関《せき》……80
隠岐《おき》……81
御手水間《おちょうずのま》……33
お妃教育《きさききょういく》……56
御湯殿上《おゆどののうえ》……33
（位）おりる……13
蔭位《おんい》の制《せい》……17・53
陰陽《おんみょう》……93
陰陽師《おんみょうじ》……93

カ

垣間見《かいまみ》……64
掛詞《かけことば》……85
花山天皇《かざんてんのう》……59
方違《かたたが》へ……93
方塞《かたふた》がり……93
兼家《かねいえ》……61
賀茂祭《かもさい》……76
通《かよ》い婚《こん》……64
唐衣《からぎぬ》……48
狩衣《かりぎぬ》……44
上達部《かんだちめ》……16
関白《かんぱく》……17
北野天満宮《きたのてんまんぐう》……80
几帳《きちょう》……41
乞功奠《きっこうでん》……77
後朝《きぬぎぬ》の文《ふみ》……65
後朝《きぬぎぬ》の別《わか》れ……65
鬼門《きもん》……73
曲水《きょくすい》の宴《えん》……76
清水寺《きよみずでら》……80
公卿《くぎょう》……16
車宿《くるまやどり》……37
蔵人《くろうど》……17
黒戸《くろど》……33
懸想文《けそうぶみ》……64
結婚《けっこん》……53
更衣《こうい》……20
笄《こうがい》……45
後宮《こうきゅう》……29
皇后《こうごう》……12・20
格子《こうし》……41
五行《ごぎょう》（説）……72
極楽浄土《ごくらくじょうど》……89
苔《こけ》の衣《ころも》……45
腰折《こしお》れ歌《うた》……84
小袖《こそで》……49
言《こと》の葉《は》……84
伊周《これちか》……61

サ

斎院《さいいん》……93
斎宮《さいくう》……93
左近《さこん》の桜《さくら》……29
指貫《さしぬき》……45
申《さる》……73
参議《さんぎ》……17
三種《さんしゅ》の神器《じんぎ》……92
三世《さんぜ》……88
職御曹司《しきのみぞうし》……28
地下人《じげにん》……16
四神《しじん》……73
紫宸殿《ししんでん》……29
十干《じっかん》……72
茵《しとね》……41
蔀《しとみ》……41
四方拝《しほうはい》……76
島生《しまう》み……92
除目《じもく》……17・53
十三夜月《じゅうさんやづき》……69
十二支《じゅうにし》……72
入内《じゅだい》……21・53・57
出家《しゅっけ》……89
上弦《じょうげん》の月《つき》……68
彰子《しょうし》……61
序詞《じょことば》……85
神泉苑《しんせんえん》……24・52
寝殿《しんでん》……36
親王《しんのう》……13
水干《すいかん》……44
宿世《すくせ》……89
簀子《すのこ》……40
清少納言《せいしょうなごん》……61
清涼殿《せいりょうでん》……29
摂政《せっしょう》……16
前栽《せんざい》……37
束帯《そくたい》……44

タ

大学寮《だいがくりょう》……24・53
大極殿《だいきょくでん》……26
醍醐天皇《だいごてんのう》……59
太政大臣《だいじょうだいじん》……16
太上天皇《だいじょうてんのう》……12
大内裏《だいだいり》……24・28
対《たい》の屋《や》……36
台盤所《だいばんどころ》……32
内裏《だいり》……24・28
高御座《たかみくら》……29
薫物《たきもの》……49
大宰府《だざいふ》……81
糺《ただす》の森《もり》……25
立待月《たちまちのつき》……68
辰《たつ》……73
端午《たんご》の節句《せっく》……77
着帯《ちゃくたい》の儀《ぎ》……56
中陰《ちゅういん》……89
中有《ちゅうう》……89
中宮《ちゅうぐう》……12・20
中秋《ちゅうしゅう》の名月《めいげつ》……69
朝堂院《ちょうどういん》……26
重陽《ちょうよう》……77
勅撰和歌集《ちょくせんわかしゅう》……85
築地《ついじ》……37
追儺《ついな》……77
壺装束《つぼしょうぞく》……49
妻戸《つまど》……40
釣殿《つりどの》……37
定子《ていし》……61
殿上間《てんじょうのま》……33
殿上人《てんじょうびと》……16
天皇《てんのう》……12
同居婚《どうきょこん》……64
春宮《とうぐう》（東宮）……13
所顕《ところあらわ》し……65
都市《とし》エリア……24
寅《とら》……73
酉《とり》……73
鳥辺野《とりべの》……25

ナ

内侍《ないし》……20
尚侍《ないしのかみ》……21
掌侍《ないしのじょう》……21
典侍《ないしのすけ》……21
中島《なかしま》……36
七草《ななくさ》……76
新嘗祭《にいなめさい》……77
女御《にょうご》……20
女孺《にょうじゅ》……21
女房《にょうぼう》……21
塗籠《ぬりごめ》……40
子《ね》……73
根合《ねあ》わせ……77

寝待月《ねまちのつき》……69
直衣《のうし》……44
（位）のぼる……13

ハ

袴着《はかまぎ》……52・56
長谷寺《はせでら》……81
比叡山《ひえいざん》……80
檜扇《ひおうぎ》……45・48
廂《ひさし》の間《ま》……40
直垂《ひたたれ》……44
未《ひつじ》……73
単衣《ひとえ》……49
昼御座《ひのおまし》……32
文《ふみ》のやり取《と》り……65
返歌《へんか》……84
方位《ほうい》……72
法皇《ほうおう》……12
細長《ほそなが》……49
仏《ほとけ》の来迎《らいごう》……89

マ

枕詞《まくらことば》……85
孫廂《まごびさし》……33
祭《まつり》……92
巳《み》……73
三日夜《みかよ》の餅《もちい》……65
皇子《みこ》……13
皇女《みこ》……13
御簾《みす》……41
道隆《みちたか》……61
道長《みちなが》……61
宮《みや》……13
御息所《みやすんどころ》……20
命婦《みょうぶ》……21
婿《むこ》入《い》り婚《こん》……64
無常《むじょう》……88
村上天皇《むらかみてんのう》……59
紫式部《むらさきしきぶ》……61
裳《も》……48
裳唐衣姿《もからぎぬすがた》……48
裳着《もぎ》……56
望月《もちづき》……68
物忌《ものいみ》……93
百日《ももか》の祝《いわい》……52
母屋《もや》……40

ヤ

遣戸《やりど》……41
遣水《やりみず》……36
吉野《よしの》……81
四足門《よつあしもん》……37
夜御殿《よんのおとど》……32

ラ

輪廻《りんね》……88
冷泉天皇《れいぜいてんのう》……59
連歌《れんが》……84
六道《ろくどう》……89

ワ

渡殿《わたどの》……36
童殿上《わらわてんじょう》……52

ブックデザイン／ chichols
本文イラスト／ F本、幸翔
DTP／フォレスト
校正／あかえんぴつ

隼坂　しのぶ（はやさか　しのぶ）
河合塾国語科講師。河合塾では難関大学講座を中心に担当。
2024年現在、「早大古文」「ビジュアル古典常識」の実績には定評があり締切講座が多数ある。趣味は神社と蕎麦《そば》屋巡り。宝物は御朱印帳と自作の蕎麦猪口《ちょこ》。

F本
北の大地の私立高校国語講師。学生時代はノートの片隅に落書きばかりしていたが、その趣味が高じて教材用の古典マンガを描くことを思い立つ。授業で使った古典マンガをpixivに載せていたことがきっかけで、今回の学習参考書の挿絵を描くことになった。

大学入試《だいがくにゅうし》　スキマ時間《じかん》の暗記《あんき》で差《さ》がつく
古文常識《こぶんじょうしき》

2024年7月1日　初版発行

著者／隼坂《はやさか》 しのぶ

漫画／F本《えふもと》

発行者／山下 直久

発行／株式会社KADOKAWA
〒102-8177　東京都千代田区富士見2-13-3
電話　0570-002-301（ナビダイヤル）

印刷所／株式会社加藤文明社印刷所

製本所／株式会社加藤文明社印刷所

●お問い合わせ
https://www.kadokawa.co.jp/（「お問い合わせ」へお進みください）
※内容によっては、お答えできない場合があります。
※サポートは日本国内のみとさせていただきます。
※Japanese text only

定価はカバーに表示してあります。

ISBN 978-4-04-606282-6　C7081